打造幸福人生藍圖，

14堂必修課

夢想板小天后 Cora

夢想板小天后Cora
易雯心 ———— 著

出版序·林玟妗

夢想板成就生命中的無限希望

每天我們都在為自己寫劇本，

你可以精采萬分，你也可以平淡無奇；

你可以豐盛開心，你也可以懷憂喪志。

生命中有許多奇蹟，都會在我們的心念中成就或殞落。

你想得到一個不想與人兌換，並可以掌握夢想成真的人生嗎？

認識 Cora 是在一次公益讀書會中，台上的她明亮清新，眼光是年輕人少見的純淨與自然。沒有刻意雕琢的痕跡，渾身滿滿閃著光芒的能量。

她是這麼容易讓人留下與眾不同的印象，笑容深深烙在心中。

到過她宜蘭的〔幸福小棧〕，看看阿公阿嬤，到爸爸家用餐，她對家人的無微不至，每一次都讓我感動。出自內心的愛跟關懷從她的言行舉止中，總是輕輕到位，卻濃

濃郁郁的留下印記。

這是她對朋友熱誠，對事物熱心，對生命熱愛的影響力。

她一直上進和努力的身影，總時時在心中浮現。

她～每天都在為自己人生的劇本更新扉頁。

冬末的午間到她家中用餐，席間無意中分享她〔高實現度夢想板〕的經驗，正是我們現在科技快速轉變的時代下，更想追求的高維能量〔輕易豐盛〕的價值顯化。

我們似乎在她的靈魂日記中，閱讀了人生最驚豔的穿越。

這樣的故事如果可以分享出來，是足以影響更多正在人生的路途中，徬徨無助迷茫的年輕人；用一個有效的方法，寫下自己美麗的夢想，並且協助他們專注認真的執行。相信自己的可能，一步步邁向理想的生命境界。

更可以讓已經在路上執行夢想板的朋友，不論遇到甚麼困難或挫折，都知道可以激發自己潛意識中，還未被開發出來的能力。

因它正等候你，將被封印的有限打開，帶你前往更寬

廣實現美好的路徑中。

Cora 說：她的夢想板有一項是，30 歲以前希望可以出一本書。如果現在開始不知道是不是來得及？

我，也是一位心想事成的實踐者。相信所有心靈的力量，會讓夢想成真，「你，只要想她就會實現」。

你只要學會植入正確的方程式，自動導航系統在潛意識裡就會開始運行，當宇宙接收到妳發出的頻率，清晰而明確，充滿強烈的信念，堅定並具備飽滿的勇氣時，就會開啟搜尋引擎，解除所有的限制與障礙模式，找到對妳最好的方式來實現它。

Cora 的內心是個充滿光和愛的小天使，她的字典裡除了付出就是給予。她充滿對世界、對人的感恩，她接受每一次的失敗給她的警惕，不去抱怨，全然接受，想解決方法，並且善解人性。她永遠散發出正面的思維，像一束光和熱的凝聚體，對自己的人生負全部的責任。

她的內在還有一只〔快樂的指南針〕，保持赤子之心，不與負能量糾纏的睿智，也不做自己沒把握的事。是個【超級的吸引力法則實現家】，她雖年輕卻有個成熟又充滿智慧的靈魂。

她分享〔成就夢想板高實現率的秘訣〕，也希望帶著更多在生命中迷路的朋友們，找一條輕易豐盛可以回家的路。

路，都不在外面，那條路就在妳的心裡，讓苦藥變果汁的神秘魔法之旅，正是每個人都想達成的生命目標。

你是不是也迫不及待地想要跟隨她，一起來遇見心想事成的自己呢？

你想遇見夢想，顯化豐盛，那麼讓夢想小天后 Cora，陪你一起打造 14 堂幸福人生的課程。

讓你生命中的 GPS，重啟和宇宙連結的天線，找到內外富足的導航藍圖。

讓我們也一起來完成夢想板，成就自己不可思議的無限希望吧!

出版總策畫　時兆創新─時傳媒文化事業體

創辦人 林玟妗

推薦序・黃佳興

Cora 內在住著一位

沒有極限的小女孩

在她的認知裡

夢想都是拿來實現的

無論是環遊世界

從事公益 孝順家人

帶著全家人去旅行

事業 財富 健康 公益

貼在夢想板上面的每一件事情 都是拿來實現的

在這麼年輕的生命裡

可以實現這麼多的夢想

記載在這本書籍裡面

一頁接著一頁

因為就是這股夢想的力量

讓我們的生命變得更加精彩

她是個充滿智慧美的女人

她帶著愛做任何的事情

帶著情感面對所有的人

全家族因為她的熱情帶動

完全串連在一起

朋友之間也因為她熱情 真誠以待

串連起無數善的力量

一起做公益 一起回饋社會

一起推動了好多人的夢想實現

她帶著情感在溝通

也在事業上寫下了無數的輝煌

創造了每一年精彩的故事

在這本書籍裡面

我們看到了一個女人

如何運用溫柔的力量

卻可以成就偉大的夢想

實在是太過癮了

她是位旅行家

在這麼年輕的生命

可以去過全世界這麼多的地方

用旅行寫日誌

用眼睛看到全世界

善盡地球人的義務

如果你熱愛旅遊

如果你也想要環遊世界

我相信你會從這本書籍裡面

在字裡行間當中

看到原來生命本身就是一趟

最幸福的旅程

活著就是為了實現夢想

如果你也有過任何夢想

相信你會在這本書籍裡面

看得拍案叫絕 欲罷不能

佳興成長營 創辦人 黃佳興老師

9

推薦序·宋豐安、田寶兒

　　看完一本好書，總會讓人感覺通體舒暢，而閱讀完 Cora 的這本書，就讓我有這樣子的感受。書中沒有華麗的言詞，而細細道來的人生故事，卻是這樣的觸動人心，啟發我們對於夢想，對於人生態度，另一種有趣又有深度的詮釋。

　　認識 Cora 這個小女孩有 8 年的時間，而小女孩這稱呼是因為我知道她的實際年齡後才有這樣的說法，一開始我總是很好奇，為何這女孩有著超乎年齡的成熟和懂事。為何年紀輕輕就很有自己的想法，常常出國旅遊好像都沒有經濟壓力，20 幾歲已經開始在經營房產生意，參與大大小小的公益活動，並且在很多的學習場合都會遇見她。如果說**一個發光的靈魂是磨亮出來的**，會明白原來 Cora 用心打造自己夢想板的過程，就是這個神奇的魔法。

　　很喜歡書中有提到，關於*夢想，就是做自己開心的事*，我們每一個人都是獨一無二的個體，而往往在成長的過程，卻常常會落入期待與現實的矛盾，此時這個溫柔

的提醒，我們應該要先*認真想想關於幸福的未來*，從整理好自己真正想要的目標開始，帶著熱忱一步步的在實踐中調整腳步，**成功時保持謙虛和學習，失敗時練習自省與轉化，改變的力量都是從這樣的經歷累積來的**，書中許多小故事有很大的啟發。

關於愛與和解，在閱讀書中 Cora 提到與家人相處的部分讓我感動紅了眼眶。從曾經難過受傷的心情，到以愛為出發點成為家族和諧的關鍵人物，試想如果我們也願意用如此的角度去重新認識自己的父母，建立新的關係與互動，那我們創造的就不只是一個人的成功，而是全家人的幸福。

愛與感恩是最強大的力量基石，當我們的夢想板有足夠的能量放入更多的人事物，會是一件多麼喜悅豐盛的事情啊。

在我們帶領的團隊裡，每年也都會集合夥伴們一起，去規劃屬於自己的夢想板，真心渴望又明確的目標圖象化，幾年來顯化了許多美好的成果。學習打造夢想板的秘訣，將會是受用一輩子。

感謝小天后旅行家 Cora 在書中分享了如此多實現夢想的心法，受邀參與寫下這篇推薦序，心裡滿是感動。Yes，準備好一起來冒險了嗎？從認識自己到實現 100 個夢想清單，開啟這 14 堂幸福人生課，大方的向宇宙下訂單吧！

　　　　　　　凱爾車業集團創辦人——宋豐安、田寶兒

用心願想幫大家寫就夢想板

感恩各位讀者與我分享這人生重要的時刻。

各位手頭上的這本書，背後有個故事，源自於我 25 歲時在夢想板寫下的一個心願，當時就曾希望，如果可以在我滿三十歲前，藉由我的生命分享，出書幫助更多人，那該有多好。

這個願望，今天真的實現了，當大家閱讀本書，也等同跟我一起分享人生中很重要的一刻。

本書談的是我的夢想板，以及我如何幫助大家成就自己的夢想板。

一直以來身邊不論是親友或團隊夥伴，人們經常問我一個問題：

Cora，妳為何能一路這麼順遂？為什麼妳都可以有那麼多貴人？

為什麼不管妳做甚麼，好像都可以成功；而且都會有結果？

好像我做甚麼事都一定會心想事成、好像我做甚麼

事情就是會很圓滿、好像無論如何我都可以寫就完美的結果。

但其實 Cora 當然只是個平凡人，我不是做甚麼都如有神助，做甚麼都註定結局會是好的。我也是經過用心努力去付出、去追求、去達成的。

Cora 的人生沒有那麼完美，就如同在本書大家會看到的，我也是不斷遭遇重重阻礙，包括我十多歲就要自力更生賺取學費、包括我在不同產業也會遇到競爭或排擠，但當然平常我不會把甚麼挫折都書寫在社群平台上，那是因為身為團隊的帶領者，我早已習慣不會去告訴別人我們辛苦的那一面，有甚麼低潮也不會公開傾吐。在社群上我總是必須展現比較陽光、比較樂觀的那一面，那是因為透過平台，我都希望可以鼓勵別人活得更好。

也許身邊很好的朋友，可以透過一頓飯或一次長聊，聽我分享比較多的成長故事。但畢竟人生這麼長，許多事自然無法一頓飯時間就聊完。

我還是心中有個初衷，想要幫助身邊更多的朋友，而我的確也覺得，自己很多時候是算比較幸運的。我也真的會去思考，如果光談結果，那會不會聽了我分享的人，最終會抱怨為何他們做著跟我一樣多的努力，最終卻沒辦法跟我得到一樣的結果？

很多事畢竟還是要更深入去做了解的。所以經過了這些年，我終於要把這本書寫出來。我希望關於我如何度過人生種種的關卡，把我的心法也好、技法也好、我一路以來的學習歷程也好、或心靈成長以及心境上的轉變也好。都可以很仔細記錄下來，也透過出書這段時間，將自己的人生抽絲剝繭，並且真的去看看是不是有甚麼事情我持續做、而且做對了，這讓我可以一直重複在這樣一個對的系統裡面，帶來的就總是有好的結果。

各位讀者手上這本書，就是我用心整理出來的這個歷程，希望可以幫助到身邊的朋友、幫助到接觸到這本書的讀者。

我的朋友們常常說我是自由女神。

因為他們說我感覺就是自由自在，想做甚麼就做甚麼，好像很無拘無束、很自由。

確實，自由是我所追求的第一大價值觀，也是因為像這樣子遵循屬於我的夢想，還有這樣的價值觀，一直導引著我，走向現在、走向未來。

在本書撰寫中，我後來也發現一件很重要大幅影響我人生的事：就是我如何塑造我的夢想板。

追求夢想板的達成，這件事我持續不斷地做了十五年。這十五年來，每一年的實現率都非常得高，每一年也因為實現率高，我更加相信自己，是真的擁有一套有效的方法，可以幫助夢想實現。

　　也衷心希望，這套方法可以透過這十五年來，不斷地昇華、不斷地優化之後，以書籍方式呈現，可以幫助更多人實現自己的夢想板。

　　每個人都值得過更好的人生，每個人都該實現你這輩子的夢想板。

　　我們每個人或許不知道，是否生命這一遭走過後，之後還有沒有來世？

　　但是此生是我們唯一現在知道可以把他做好的。我們要珍惜，就是趁現在。

　　關於夢想板的種種，本書有講到非常多。也希望可以透過這本書，讓每個人都可以心想事成，活出自己最美好的樣子。

　　感恩大家與我分享夢想板。
　　期待每個讀者寫就自己美麗的夢想板。

目 錄・CONTENT

序 章
21

請你認真想想關於幸福的未來

第一篇
33

願景萌芽

沒含金湯匙 如何踏出第一步

第二篇
81

夢想起飛

第三篇
127

財富泉源

第四篇
171

從愛出發

序 章

跟宇宙下訂單之前

請你一定要做的事

請你認真想想關於幸福的未來

親愛的，我們都想要幸福，是吧？

或者有人說，他沒有想要自己幸福，而是想要幫助別人，好比孝子想要爸媽幸福；很多偉人想要創造全人類幸福；還有戀愛中的人兒，都希望對方幸福⋯

其實說到底，也是因為看到別人幸福自己也感到幸福。不是嗎？

關於幸福，關於願望，還有關於本書要分享的夢想板。

讓我從當年困惑我的一個人生大哉問開始吧！

那年我念致理技術學院夜校一年級。（現今為致理科技大學）

✽休學背後的抉擇

學歷重要嗎？這個問題似乎問都不用問，這年代要闖蕩江湖，沒有學歷？那連面試的資格都沒有，甚麼後續的升官發財，談都不必談，根本一開始就被擋在門口。

真的是這樣嗎？沒有亮眼的學歷，這輩子就無路用了嗎？

那年我十九歲，我很認真地想著這個問題。

我的學生生活算是很精彩的。成績不算頂好，念的是每天得看一大堆頭痛數字的財務金融學系，但靠著勤奮讀書，學業還過得去。那時我白天有不只一份工作，甚至還創業自己當老闆，同時間，也沒讓校園青春留白，跟同學相處愉快，下課後還參加舞蹈社，參加了四個月國標舞隊之後去參加全國大賽還晉級複賽。總之十九歲的我，人生沒有不好，一邊唸書一邊賺錢一邊也是個開朗愛玩的少女，跟同學衝夜店一整夜沒睡直接看日出，該玩的也沒少。

但我心中對未來有個很大的問號：我一定要走跟大家一樣的路，畢業取得文憑後，再找工作力爭上游嗎？

促發我困惑的一個原因，是大一下學期當我拿到學校

註冊單的那剎那。

　　致理商業技術學院是私立學校，私校的學費真的很貴。老實說，從十五歲就已經在社會打滾，每月收入也還可以的我，負擔那樣的學費一點都沒有問題。

　　問題是：我付這筆學費的意義是甚麼？

　　我算是個很務實的人，心中有苦惱，每天藏著也不會自己孵出答案。想解除困惑，簡單，就開口去問，以及用雙眼去看。

　　畢業後可以做甚麼？這有太多的現成案例可以參考了。

　　首先我去問平常很照顧我的大四學姊：

　　「學姊啊！請問我們念這個科系，畢業後可以做甚麼呢？」

　　這題簡單，學姊想都不用想就娓娓地跟我分享：

　　「我們畢業的學長姊，最主要就是去銀行上班啊！另外也可以去證券業當營業員。」

　　我繼續很認真的問：

　　「對很多年輕人來說，的確金融業就代表金飯碗，所以學姊，我們從事這行業月入大約多少？」

　　於是學姊以及一旁幾個學長，大家七嘴八舌地分享他

們所知道的：雖然各個金融單位，像是本土銀行跟外商機構，還有部門屬性乃至於服務城鄉地區的不同，收入有差。但基本就是，銀行上班大約就從月入三四萬元起跳，證券業也是，除非是擔任業務性質工作，那可能會有更高的收入。

「那如果在銀行上班，想要領到月入超過十萬，大概是哪個等級啊？」

當時的我已經月入超過十萬，所以我內心裡以十萬為「低標」，請教學長姊。

得到的答案卻是：大約四五十歲當到分行經理以上職位，應該有可能。

我心中 OS 著：「我現在就已經可以讓自己月入十萬以上，為何要等畢業後再經歷二三十年才月入十萬？」

好吧！這些都屬於比較內部坐辦公桌的職位，那不是說證券業的業務工作屬性好比接單營業員，收入可以很高嗎？那可以多高？

「聽說業績好的，月入一二十萬以上都沒問題喔！」

聽來不錯，但為了賺超過二十萬，需要付出甚麼代價呢？

答案就來自我的任課教授，那位教授當時也是我們的系主任，是由證券業退休下來的菁英，並且他其實還很年

輕，四十歲出頭年紀。只是已經髮禿且外表比實際年齡老。教授上課也曾自嘲，做這行壓力太大，不只他如此，同行的跟他一樣情況的比比皆是。

所以，這是我要的嗎？

還得辛苦念三年書（真的 K 那些財經教材很痛苦），然後花那麼長的時間取得文憑正式入社會後，接著要投入一輩子：不是中年以後才可能收入稍豐，就是得犧牲健康才有可能賺到比一般上班族高的收入。

難道人生一定得是這樣的二選一：犧牲數十年時間，或犧牲健康？

於是我做出了決定：為了思考人生我必須休學。

就這樣，那年我主動跟系上班導師說，我覺得暫時不想升學。讓我辦休學吧！

※為何需要夢想板？

必須說，當我做出休學決定的時候，我在校內沒有任何適應不良的問題，我跟老師跟學生都處得很好，事實上，當年白天在從事有機食品銷售代理的我，都跟同學老師有密切互動；甚至班導師當時也是我的客戶。

包括那位批准我休學的老師，跟我也是亦師亦友關係。她平常就很照顧我。對於我想休學，她也可以體諒。願意給我時間去好好思考。

　　也因為休學有兩年緩衝期限，也就是休學一年後，可以考慮是否要回來復學，若還沒想清楚，可以再繼續延一年。

　　而這個老師人真的很好，真的隔一年後，以及再隔一年後，都會來電問候我，並且懇切地邀請我回學校繼續念書。

　　第一年我說：「老師請再給我一年吧！因為我真的還沒想清楚。」

　　再隔年接到老師電話，這回我就明確的說：「老師，我不回去了。」

　　因為我心中確定：我不需要文憑也可以追求我想要的人生。

　　說起來，我為何那麼篤定，覺得就算沒有文憑，依然也可以在社會上立足呢？

第一個原因：**我已經靠著社會歷練，清楚自己可以自食其力。並且也了解付出與收入背後的機制。而且心想萬一需要到時候我再回去夜間部補學歷就好**，當時的大學同學好幾位都不是應屆生，都大上我好幾歲甚至十幾歲都有。

各位想想，大家每天汲汲營營，在社會不同角落打拼，為的是甚麼？當然為的是帶給自己跟家人更好的生活，行有餘力還可以為社會做更多貢獻。

所謂更好的生活，植基於甚麼？說現實點，就是植基於錢。這點不需要隱藏，也不需要用任何人生哲理來掩蓋銅臭味。錢就是人生硬道理。

既然錢很重要，那大家有沒有想過，收入與付出間的關係？

具體來說，**人生是有保存期限的，健康和有工作能力的人生階段更有保鮮期，如何在有限的時間裡面，創造單位報酬率呢？**

有沒有認真想過這個問題？還是以為反正不去想那麼多，每天拼命賺錢就對了？

是否先花點時間去算清楚自己的整套工作及收入機制？因為這攸關你以及家人的幸福。思考至此，就來到

下一個問題，也是本書的中心主題：你人生的夢想板是甚麼？

我當年選擇休學，不擔心文憑影響我職涯，因為我知道，我要追求的夢想板裡，跟文憑沒必然關係。

不須文憑第二個原因：我已經清楚建立了我的人生夢想板，知道所要追求的夢想板，可以怎樣去達成。

對我來說，**文憑若只是一張換取收入的證明，那我已經知道，真正賺取人生高收入，不需要這樣的證明。**

這件事不是來自猜測，而是來自我的實務。

我的實務、我的努力的動機及賺錢模式，則植基於我的夢想板。

所以夢想板，真的很重要。

以我來說，**沒有夢想板，就無法勾勒出我的人生藍圖。**

沒有人生藍圖，就不知道每天的行住坐臥為的是甚麼？

不知道每天自己在做甚麼？那就算是表面看起來忙東忙西的，其實也還是一種盲目生活，

因為有了夢想板，知道我為何打拼？為何選擇這樣的生活方式？也知道我為何必須休學。當然我不鼓勵大家都休學，因為每個人要的不盡相同，比如說：**當醫生你一定要念七年醫學院，甚至你想要進大企業在第一關，投履歷時沒學歷就是連門票都沒有，所以只要是跟未來想做的事是有關的，那就一定要完成學業，這肯定不能少。**

夢想板太重要了，親愛的：無論此刻的你有多忙。
都請稍停個幾分鐘，釐清一下自己思緒。
這是當你想要向宇宙下訂單前，一定要做到的事。

踏實穩健的人生：你的築夢人生，請從建立夢想板開始。

第一篇

願景萌芽

那天我離開宜蘭遠赴台北自力更生

我跟父親說：

我已做好決定，

未來的學費生活費我都不再跟家人拿錢。

我要為自己的人生負責。

那年我十五歲。

沒含金湯匙 如何踏出第一步

先簡單介紹一下我自己，這樣讀者才會更想要知道，年輕時的我如何開始踏出自己的第一步。

我來自宜蘭，十五歲就開始半工半讀為自己收入負責。

十七歲自己創業當老闆，當時月收入已經超過一般上班族的兩三倍。

十九歲前已經熟習各種業務推廣，把行銷當做日常一樣習慣。

二十歲時經營團隊運作，我是當時全集團在台灣最年輕的團隊領導人，其實在我生涯的不同階段在不同公司，我都是屬於業績前段班，同時經常是領導階層裡最年輕的一位。

二十一歲，我已經大致上不需煩惱錢的問題，我相信就算今天一切歸零，我也有本事從零開始為自己打造新的一桶金。

到了二十五歲前，我的人生已經每天可以過想過的生活、做想做的事、悠閒助人，不須汲汲營營為誰奔忙。

如果只是談財富，那收入比我高十倍百倍以上的女性企業家也是很多，但我想談的不只是財富，我想談的是人生：有效率地賺錢，卻也擁有悠閒自適的生活，我照顧好自己，也照顧好家人，並且長年投入海內外公益，甚至還上過台灣知名的教育廣播電台接受個人專訪★。曾經開過自己的個人畫展整整一個月，也是一位房產投資包租以及職業軟裝設計師，幫人設計的房子頗獲好評。是個熱愛追求心靈成長的女孩，領有頌缽師資格。追求多樣精采人生，在二十六歲以前就已經遊歷了三十個國家。年年都還持續環遊世界。

會有這樣的人生，在於我每年清楚的規畫自己的夢想板。雖然我不知道什麼時候會達到，但是我知道那是我會到達的地方。

在追夢過程中，因為我已經看到有人做到，所以相信我也可以做得到。

那麼，故事就從少女時代說起吧！

【電台受訪】圖片連結

❋ 來自宜蘭的乖巧女孩

每個人都有自己的成長背景。但相同的成長背景不一定導引到未來相同的路徑。例如同樣是單親家庭出生的孩子，有人一樣可以立志奮發，事業有成；有人卻走入歧途，並且怪罪到原生家庭。

重點還是每個人要懂得為自己的人生負責，不論出身平凡或富貴，只要願意學習，都可以活出一個最完整的自己。

這也是我出版這本書的一個心願：希望每個年輕人，能夠珍惜自己的青春年少，設立好一個夢想中理想中的生活樣貌。

我的家庭背景：爸媽在我小二那年就已經離異，而在那之前爸媽關係也經常處在緊張狀態，直到他們正式離婚後，我們家四個孩子跟著爸爸住宜蘭，由於爸爸事業忙碌，實際照顧我們的是阿公阿嬤，也就是我們比較像是隔代教養的孩子。

爸爸是比較傳統型的男人，內心對孩子是關愛照顧，但是在家非常有威嚴。雖然平常看到他的機會不多，可是只要他在家的時候，孩子們自然都成乖乖牌，下課後若晚一點到家被他知道了，我們自己心裡就打了一百個寒顫。

爸爸算是事業有成的人，他也有很多人生的歷練。不過我是等到多年後，已經在台北自立更生的時候，才有機會像大人般與爸爸聊天，也才在那時學習更多爸爸商場上的實戰智慧。

　　總之，處在嚴格管教的家庭，加上地處宜蘭，似乎離繁華世界很遠。我上頭的兩個姊姊，成長到青少年叛逆期，就一個個嚮往自由的天空。

　　大姊是第一個離開家裡，決定去台北打拼的。

　　再隔一年換我二姊，也毅然決然跟著大姊的腳步，踏上我們心中認為自由的台北。

　　兩個姐姐到台北找媽媽後，家中還有我以及弟弟。

　　爸爸當時比較不擔心我，相對來說我就是乖巧的好女孩，每天下課後回家自動自發寫功課，不用家人擔心。那時我還在念國小六年級，弟弟在家也很安分。

　　沒想到過了三年，當時已經國三的我，也覺得不想留在宜蘭，我也想去台北闖蕩看看全新的世界。

　　我就直接去跟爸爸說：「我想去台北念書。」

　　爸爸聽完有愣了一下：心想，原來連小女兒也留不住啊！不過相對於前面兩個姐姐離家時他的不捨與不安，這

回我要離家，他反應卻是比較平靜的。

他好言勸我：「好好的在宜蘭念書，甚麼學費生活費都不用擔心，爸爸會把妳照顧好。習得一技之長，畢業後，看是要找工作或嫁人，有家人在，都不用煩惱。」

接著話鋒一轉：「但妳若是執意要去台北，爸爸把話說在前面，妳的學雜費、生活費等等，妳要開始學習獨立自己想辦法。」

十五歲的我，走入繁華的台北城，因為從來沒有體會過如何賺錢，開始工作後，因為怕沒有把工作做好，心中確實有些惶恐。

但是我一心非常渴望賺到錢，大過於所有對未來的恐懼。我告訴爸爸：「沒問題，我還是想去台北闖一闖。」

我考上了某間公立高職夜校，即將開學前，我帶著簡單的行李出門搭車。

當時真的沒有從家裡拿一分錢離開，至今快三十歲了也從未跟家裡拿錢，出發時我把從小到大存了十五年的壓歲錢和零用錢三萬元，成為我獨立自主的第一桶金，在找到工作之前，這筆錢必須用來繳學費、制服費、生活費等等。

所有的未來都是未知，那時候雖然什麼都還不會，但

我知道想要在社會生存，就要勇敢的踏出第一步。

❊ 踏出勇敢的第一步

那年我繳完註冊費及學雜費，身上只剩不到一萬元，要撐過往後的日子，別無選擇，我必須打工賺錢。

七月生的我，比同班同學年紀都小，才十五歲的我，連打工的法律資格都沒有，做什麼事都還需要監護人同意的年齡。

無法到任何公司行號去打工，連便利商店兼差都不能去。我的第一步只好從巷弄裡的早餐店開始「幫忙」賺點零用錢。

由於我的外表跟聲音，看起來會比同年齡的人成熟個十歲（俗稱老在等），加上穿著打扮，讓我總是可以「超齡」演出。

如今近三十歲年紀，外表慢慢地終於越來越符合自己真實的年齡了。

總之，十五歲的我，在早餐店打工撐了一年，直到十六歲終於可以開始找一份正職的工作。

在早餐店那年，透過每天經常性和客人接觸，歷練自己的說話技巧，是個說話很有禮貌，笑容很甜，總是讓客人感到開心的小小服務員。

十六歲了，也算是個小大人。每次回宜蘭，爸爸也會跟我談些做人做事以及在社會上應對的訣竅。當他知道我在找打工機會，就告訴我：

在年輕時候找工作，錢的多寡不是最重要的，最重要的是看可否學到甚麼？

如果可以，他建議我去找可以學「講話」的工作。

爸爸那時候指的其實就是業務工作，而我也聽從他的建議，真的去找和業務相關的工作，這個決定，大大的影響我未來生涯。

我第一個正式工作，算是毛遂自薦來的。

正在念高職的我，最熟悉的還是跟教育相關行業，第一個聯想到的就是補習班。

那年在台北補習班街，高職補教界就三大名店。

既然想去這個產業學習，自然就找最大的那間。問題是，當時三間補習班都沒在徵人。

所以我其實是自己打電話去的：

「您好，請問貴單位有沒有缺人？我今年十六歲，我

想要找工作。」

沒想到電話的那頭當下就請我隔天就去面試，幸運的竟然就錄取了，正式擔任電話行銷助理。

這是我業務工作的開始。

當然，日後我知道業務工作還分成很多種屬性。當時我在補習班是有底薪的。補習班意思就是靠人海戰術，因為有各個學校的班級名單，只要一個一個打電話，能找到幾個學生就幾個。

但沒想到，之前完全沒有受過業務訓練的我，竟然很短的時間內，就成為業績王。也開始可以為自己賺取足夠的學費及生活費。

必須說，**賺錢是很大的誘因。**

當時讓我可以成為業績頂尖的關鍵因素：主要是靠一股熱情與誠懇。

我不會油腔滑調的話術，也不懂心理戰術，我真心希望鼓勵大家來這裡補習。

由於發自內心的想法，聯絡的客群都是跟我同年紀的人，自然很有話聊。對我來說，每天打電話去邀請人來補習，是很快樂的事。

✽ 我喜歡打這通電話

記得那時我的時薪一百元。的確，當工作讓生活有個基本保障，無後顧之憂，打起電話的心情也比較輕鬆。

在往後的日子裡，我逐漸轉型為：只要找業務工作，就是去找無底薪的。當然那時的我已經對自己更有自信，也抓住成交的竅門：如前所述，成交不難，唯誠而已。

十六歲在補習班打工，那時只要成功透過電話邀請成功報名，任何一個學生來我們這邊補習，至少三千到五千的抽成，最高一個月能領到五、六萬元。

來到一個新境界：只要你願意透過自身的努力就可以大幅的提升報酬。

對每個人來說**時間是最寶貴的，更應該說是無價的，運用上班的每分每秒打出的每通電話，經過持續不斷的學習與努力才能夠有不錯的成效。**

我清楚的知道，我要的人生不是上班族的人生。那年我甚至也尚未接觸夢想板。但我就是知道，靠能力而非靠時間換取報酬的工作，才是我想追求的工作。

這裡也必須詳細區分，上面所謂靠時間換取報酬，指的是「個人投入的時間」，也就是「打卡上班責任制」或「時薪制」的概念。但如果是結合別人的時間，那又另當別論。

　　後續章節我會分享包含【有錢人想的和你不一樣】以及【富爸爸窮爸爸】系列都有談到的致富理論中，其中一個重要的觀念，就是：「善用別人的時間和金錢來為自己賺錢」。

　　但如果純粹靠著自己的單位時間付出計價，而非依據產出績效做報酬計算依據，那並非好的賺錢模式。例外的狀況是：除非單位時間計價很高，例如明星律師或重量級諮商師的鐘點費，那就另當別論。否則拿同樣時間換取報酬的模式來做比較，不計底薪只看業績多寡的業務工作才是更有效率模式。

　　回頭來看看十六歲的我，那時我當然還不敢找沒底薪的工作，一來我真的沒業務經驗不敢冒險，二來也因為我有迫切收入需要，萬一沒賺到錢，我當時會擔心生活出問題的。

　　那家補習班規模很大，透過客人和主管談話中，學習

到各種基本話術。像我這樣的助理全公司大約 30-40 位，從報到第二個月開始，就經常是當中的業績 No1 特助。

　　曾經有其他的新人問我，Cora 妳業績總是這麼好，教教我好嗎？

　　當時的我沒歸納出甚麼教戰法則，我誠實的跟新人們分享：我是真誠的分享來補習能對他的好處，聊對方的需求。

　　那如果對方拒絕或甚至講都不講就掛我電話，那怎麼辦？

　　不會怎樣啊！那就代表這個人不是你要找的人，不要浪費時間，趕快再打下通電話。一直打「一定」會找到對的人，也就是想要補習的人。

　　後來年紀長一點，在其他公司擔任領導人，教導新人時，我一定會分享最根本的銷售之道：

　　你想賣一個產品，首先你自己一定要真的喜歡它。

　　唯有你真正喜歡，才會熱誠的去分享。

　　那過程絕不是推銷，而是跟他分享一個對他有幫助的產品。

當年的我自己就是個高職學生，我也體會到上課時候，若碰到念書瓶頸怎麼辦？這時真心的就會想到，透過好的補教體系可以幫助一個人學習，考到好學校後，也可以拓展新的前程。

　　因為感同身受，所以我打電話時都不會猶豫，甚至聊天還能賺錢真好！

　　後來唸到高三，我也選擇來這邊補衝刺班，順利的考上了心中的第一志願致理技術學院財金系。更證明了一個好的學習連自己也深受其益。

夢想板第一課

　　找到喜歡的事情用心做，一個稱職的銷售人員是靠著熱誠服務來完成人生許多夢想的關鍵。

一次一次跳脫舒適圈

在年輕人職涯打拼的路上，會聽到兩種相反的聲音：

我們從事一份工作，把它做到極致？還是要經過多樣的歷練，創造不同的格局？

其實這是沒有對與錯，一個人忠於一個職位，是忠誠踏實的。

很多人他們的一生只專注做好一件事，可以成為業界頂尖優秀的專家，受人景仰推崇。

但也容易「困在舒適圈」，不求突破與進步，終究甘於平淡度日，平順且安逸。

能把一個領域做到極致、專業，畢竟還是少數。

另外一種人不斷轉換跑道，持續累積豐富經驗，也歷經風雨考驗，也可以創建不朽功業。

我算是也換過不少公司，但都堅持在相同的業務領域裡面，只是想要追求更好的境界。

✲ 他們叫我高八度

記得爸爸曾跟我說：

如果在一個場域，你發現再待下去也學不到甚麼東西，或者不會有新的成長，那就代表，是該轉換到下一階段任務的時候。

這樣的建議，特別適用在年輕人。

因為對年輕人來說，工作第一要務是學習，第二才是賺錢。

十六歲的我，每個月在補習班業績都已經是名列前茅了。

但我總覺得業務的學問還有很多，在補習班我也經過一次轉型：

從室內接電話，轉型為戶外招生。當時才高中二年級的我，卻已經成為同行的眼中釘。

每回畢業季或新生入學的場合，會有眾家補教業者進駐，其他補習班業務代表看到我出現，臉色就變了：他們在想，生意又要被搶走了。

他們甚至經常就不把話藏在內心了，會直接脫口而出：啊！高八度來了。

誰是高八度？自然就是我，這是其他補教業者給我的封號。

其實我還是少女，聲音也很清脆，在展場上我一看到有學生經過，就禁不住要展現我的熱誠。大家也都知道，那種場合，人聲雜沓的，我自然得大聲喊話，看到學生我一定第一時間快步走過去，熱情招呼學生過來我的攤位。

所以每回招生場合，不意外地，一定就是我所代表的補習班，業績最好。

我勝任這個工作，也很喜歡每天來這裡。從前在宜蘭念書時，其實不算是特別愛講話的人。

這個工作因為每天都有那麼多人願意聽我講話，公司經常的獎金收入都五、六萬以上，超過時下一般上班族，心中真的很有成就感！

那時愛賺錢的程度，就是連鬼跟壞人都不怕！為什麼這麼說呢？因為當時補習班要發傳單給學生，於是我一個人就包辦了全校將近 30 個班級的抽屜，我們夜間部最後一堂下課已經晚上十點十分了，放學後，以一個班 50 元報酬，用飛速大約可以 40 秒就發完一個班級了，不到半小時！已入袋 1500 元，為了不被警衛發現我常常一個小女生獨自摸黑在浩大的校園裡，遇到遠方有手電筒我就趕

緊躲起來。回想起來，當時可真的是天不怕地不怕！

事實證明我天生就不是想安於舒適圈的人，或許因為爸爸的話對我產生了影響。

在我感覺自己已經到達天花板無法再突破時，希望能有更好的收入與發展，而選擇離開。

那時候的我對未來沒有懼怕，只想挑戰自己，看看自己的能力可否能再躍進。

我知道：**只要你願意用堅定的心去面對每一件事，一定可以把那件事做好。如果對那個工作失去熱情，就代表你有更多突破的空間，或是找到更好辦法，如果還是找不到著力點，就真的要考慮更換跑道了。**

十六歲邁向十七歲的我，很快地找到下一個熱情所在。

❊ 去哪都要有熱情

有的工作可能收入高，但工作氛圍不好，有的公司同事相處很愉快，但老闆的作風你就是無法苟同。

這些情況我大致上都有碰過。

因為種種經驗累積，才逐步整理出自己喜歡的工作型態：那就是自己管理自己，不想受到公司主管的束縛。

所以除了收入效率太慢外，不自由，也是我選擇不當打卡上班族的原因。

（當然，這是我的價值觀，不代表每個讀者都要跟我一樣，本書分享的只是以我夢想板為版本，分享我所追求的幸福人生之道。）

那年離開補教業，還有一個因素，就是跟「不自由」有關：由於每天太早上班，覺得天天睡眠不足。

當時我還是學生，在夜校上課，回到家都十點半了，到家後還需梳洗整理，常常都到深夜才睡。

每天八點就要起早到公司，六七點就得起床搭公車，天天如此，要有很強堅持的毅力！因此萌生去意。

下一個工作機會很快就來臨了。

這是媽媽的一個好朋友，我稱她為阿姨。對我當時而言她是個成功的女性的代表，少女時代的我是把她當成我學習偶像。包括她的穿著打扮、講話的方式親切待人的模

樣，融合企業女強人的幹練以及都會女子的嬌柔美麗。我好喜歡她喔！

就是這位偶像，她想要聘個助理。我當然第一個舉手說我要我要。

這位阿姨的公司做的是女性保養品及保健食品，我的職位雖是助理，其實我扮演的是她的分身，能夠代替他服務她的顧客們。

感恩我有了新的學習對象，她教我如何打電話做銷售，那是有別於補教業的銷售模式。畢竟補教業講久了就會發現內容很制式，基本上學生選的方案也很單純，就是 A 方案 B 方案 C 方案等等。但做美容事業時又不一樣了，要面對的客群更多，每個人碰到的美容保健情況也不同。需要更專業的應對。

我告訴自己，我要成為超級業務！甚至還在我的辦公桌上貼著自己製作的超級業務鐵律 30 條。這算是還在念高中時的我，最早確定的人生目標之一。

超級業務要做甚麼呢？跟補教業很不一樣喔！具體來說，好比某個客人要下訂單，我要設法讓她從原本只想花一千五百元，在經過聆聽顧客需求與談話後，實際上刷卡一萬五千元。

我不是強迫推銷，我最討厭強迫推銷。

我真的都是一貫地秉持熱誠，真的是我的分享打動客人的心房，而我也真心認同這樣的產品。

一切以誠信為原則，而我很快地，又抓到了這個行業的銷售眉角。

✳ 如果你有倦怠症

能夠達成讓阿姨滿意的業績，我很高興。

但最重要的，還是我的自我滿足感，我很高興我又跳脫了一個層級。那就好像有人老是在初階的比賽中得冠，但再怎樣都是初階。如今，可以更上一層樓，挑戰中階，也依然成績不錯。

那種升級的快樂，是年輕人就業時，不斷提升自己的動力。

試想若一個年輕人，只安於在原本的領域稱雄，那就好像「山中無老虎，猴子當大王」，格局有限。

不出去闖闖，怎知道你的能耐是否僅止於此呢！

所以在本書，雖然還是會不斷強調，每個人的價值觀不同，定義的幸福不同，一切以自己的內心是否快樂為

標準。

　　但基本上，還是鼓勵年輕時，勇於冒險，勇於挑戰「更上一層樓」。

　　其實我在阿姨的公司，可以學習的還可以很多。

　　但當時可以更上一層樓的機會被卡住了。原因是，阿姨看到我已經做到不錯的成績，當初她找我來本來就是要當她的分身，如今我可以自立了，她自然就不需要再常進辦公室了。

　　這是一種兩難，我想要學更多，但不能為了我的因素，麻煩到阿姨，畢竟她也有她的生活規劃。但已經把工作做熟的我，卻碰上了工作瓶頸，並且如同上階段在補習班一樣，我又產生倦怠症了。

　　最終，還是要跟阿姨說抱歉，沒能繼續幫她服務下去。以結果來說，阿姨又必須重新培養一個新助理了，但她也了解年輕人有自己的生涯挑戰要去歷練。後來也跟我依然是好朋友，我總是真情地跟她說，她是學生時代時一位很重要的學習典範。

　　這裡我想談談，甚麼是倦怠症？

不論你現在在哪行高就，可能是某個企業的職員，或者老師、會計師、工程師…等。甚至自己開一家小店當老闆。

所謂倦怠症，就是你每天來做這個工作，已經失去熱誠。

但要分辨清楚，**有人打從一開始，可能就是為了有個收入才進這家公司的，那甚至不叫倦怠症，因為從來沒有充滿熱誠過。真正的倦怠，是相對於熱誠來說的：**曾經熱愛工作，後來因為某個原因（最常見的原因就是日復一日做重複地熟悉的事），而感到這個工作再也無法讓自己早上充滿朝氣的起床。

我知道，大多數時候，他們不像我還年輕沒有負擔，也許身為職員的你，家裡剛添個 Baby，另外還有房車貸要繳。也許身為工程師的你，在校所學專業就只有寫程式，不熟其他領域，而且家中負擔很重，不可能冒險離職。

這些都可以理解，所以才要**提醒大家：真的，年輕人要把握青春，因為這是你「最有本錢可以勇敢的時候」，請不要把青春都浪費在上班打混摸魚，下班只顧著找樂子，那真是太可惜了。**

對於受困於種種顧忌，雖然有倦怠症，卻又不敢跳出舒適圈的人來說。我也必須講一句非常現實的話，那就是**「你的未來，只會越來越老」。今天不敢做的事，明天你又更老，就更不敢做了**。如果已經知道不是自己想走的路，卻又瞻前顧後的不敢冒險，那樣的選擇會更好嗎？

關於這，或許後面我們進階聊到夢想板時，可以有更多的思維。

夢想板第二課

每個瓶頸及轉換都代表人生一個新機會，一個人選擇留在舒適圈，或選擇勇敢冒險，都會影響未來的結果。

年輕就是要嘗試不同可能

　　人生可以有很多選擇，特別是年輕人，設定一個方向，好比說月入想要多少後，接著的做法可以很多。

　　好比說經過你對於未來的規劃後，你想追求的是月入十萬。你可以有哪些選擇？

　　當時的我沒有太多本金，最佳選擇自然是當業務，做一個沒底薪收入無上限的業務，經過自己的努力，更熟悉產品，打拼出每月十萬以上的個人收入（每家公司規定不同，基本上就是業績的一定比例變成業務獎金）。

　　你還可以選擇讓自己成為專業人員，但前提就是你前面基礎打很好，你可以當第一名的麵包師傅，也可以當指名度最高的髮型設計師，或是你當個專業替代率低的智慧財產權律師、知名會計師或專科醫師等等。

　　另一個月入十萬以上的選擇，是理財投資，那又是另外一個領域的學問，後面談被動收入時候會談到。不過理

財不算是工作，除非你真的就是代操盤或整天盯著盤勢看上上下下的。

　　當然，要月入十萬，你也可能創業當老闆。
　　本章，就來分享我十七歲就當起小老闆的故事。

❋十七歲當老闆

　　基本上我認為，每個職場都是我們的學習場域，也是命運交換的場域。以我來說，我覺得**我每次的新學習，或新商機，都跟上一個接觸的場合有關。**

　　相信每個年輕人在工作時，也會有這樣的機會。

　　所以不論是上班也好或者做業務工作也好，**在一個職場第一個重點是學習，第二個重點才是賺取收入，還有第三個重點，那就取得相應的資源，包含人脈、也包含各種新契機。**

　　當時我還在阿姨的公司那邊工作，有一天有個女性同事進辦公室來，她其實是專程來找我聊天的。聊甚麼呢？就是聊她剛買了一雙好鞋子。

　　那天我看到同事的鞋，也真心稱讚這鞋子好看啊！

我當時的年紀買鞋，不去談甚麼名牌高級鞋，只以普通日常上班穿的高跟鞋來說，大致上就是三四百，頂多五百出頭的價位。

　　那位女同事請我猜猜那雙鞋多少錢？我看一下就估計大約是 490 吧！然後她大笑一聲，很神氣地說，她 200 元就買到了！我驚呼一聲直喊：太不可思議了！

　　對她來說，這只是想展現她很會買東西，買到 CP 值很高的鞋。但對我來說，我腦袋裡卻叮一聲，已經做業務一兩年的我，又一直想賺更多錢！我當下就嗅出商機。

　　立刻問她，這鞋哪買的？那女同事也不吝分享，就在桃園某某某菜市場。

　　這太好了，對我來說，供應貨源是一般民眾不會去的地方，我想要取得這商機。我完全不拖延，那個禮拜一放假，週六時候我就請我媽媽載我去到離家大約一小時車程的菜市場。

　　啊哈！還真的那裡有賣鞋，非常的便宜，有許多款式，通通 200 元。

　　我當場還貪心的想殺價，被老闆白了一眼，已經夠低了，再殺沒利潤了。

　　我心裡計算著：我批價 200 元，以這批鞋的賣相，賣到 390 是可以的。

就這樣，我下定決心我要創業當老闆了。

雖然開個小店，也算不上甚麼大老闆。但那年我才十七歲耶！連選舉權都還沒有，甚至也無法騎機車。但我已經在規劃去哪頂個店，要準備做生意了。

當時並沒有想太多，並沒有以年紀太小為由放棄，甚至太忙、經驗不足、擔心這擔心那的……就是一股腦地想當老闆。

心中有夢，就去落實，青春不留白，十七歲就要決定要當老闆。

※ 做小生意的經驗

做業務是一種收入可以超過一般上班族的模式，做生意也是業務屬性的一種。

做生意，不論大企業或小公司小店面，甚至弄個攤車賣紅豆餅都好，只要可以「自己控制收入」，而非「看老闆臉色領薪」都好。我身邊就有年輕朋友在菜市場賣菜、賣剁雞肉、賣鍋碗瓢盆甚至開車輪餅小攤，據我所知他們現在年收入也都破百萬。

只要在可承擔的風險內，有機會都可以去嘗試。

以最終結果來看，做小生意不是我認為喜歡的模式，但這樣的經歷也豐富我的人生。

那回我確定找到貨源後，接著就積極去物色好地點，當時我住在三重地區，最熟悉的地點就屬三和夜市。

所有的學問都是問來的，原本我是完全沒有開店經驗的。但沒經驗又如何？靠一張嘴勤問，就讓自己從不懂變成懂了。

也是因為這樣，真正去了解三重在地的租金，也順便了解開店做生意的諸多支出，好比各區域租金、稅金、還有一般水電開銷，甚至是否有甚麼「保護費」之類的，都去了解。

後來我租了一個兩坪空間，月租兩萬五的夜市攤位。真的賣起了鞋子。

一個人在某個職場的個性，大致上就可以看到他在其他職場上的個性。不論是在補教業或者美容保健品銷售業，我都是充滿熱情，主動積極的。

可想而知，我賣起鞋子會怎樣，客人常常一買都是三、四雙。

最早我靠著自己之前做業務工作的儲蓄，拿出十多萬當本金，店規模不大，但越做越上手。我也懂得去到處比價，後來我不去桃園那個菜市場進貨了，因為地點太遠，媽媽也無法每周載我去。我另外在台北市北投區，找到一個更大的貨源，那裡其實就是鞋子的大盤商。我這個小咖的賣家，去那邊挑鞋，對方還不太想搭理妳的那種。

　　不論如何，我就每周都騎車去進貨。但，一台機車可以載多少貨？難道要跑很多趟嗎？

　　不論做甚麼產業，問題永遠都在。有問題怎麼辦？就想方法克服啊！

　　在我們家，三個姊妹花其實從小就已經習慣，小孩騎大車，人人都是十八歲前早已騎車滿街跑。那時為了做生意，我騎著爸爸送給我的 50cc 小綿羊二手機車。就是這樣無照駕駛騎去北投進貨（但這裡也要跟讀者說，這是錯誤示範，請大家不要模仿）。

　　在北投這裡進貨一雙只要 170，我在三重夜市可以賣到 390 元，並且當妳當起了老闆，滿腦子都會有各種想法。我不僅熱情攬客，並且想出很多行銷花招，甚麼一雙 390 兩雙 700，甚至還發行集點卡，集滿十個章送一雙鞋。也還真的有很多顧客刻意來集點換鞋。

而每回我去北投載貨回來，也形成某種街頭奇特景觀：我因為是騎機車，要讓機車有最大的載運效能，我就把一箱箱的鞋子，有技巧性的綁住，「繞著機車一圈」，且善用每個空間堆高，車頭只露出一個車前燈，車體都包覆著鞋盒，基本上路人看到我騎車，就只是看到一個「行進中的立方體」，在立方體中間露出戴安全帽的頭，這樣小心翼翼的騎去三重。

很神奇地，那段開鞋店的日子，我一次也沒被交通警察攔住或被任何正義達人舉發。

就這樣，十七歲那年，我經營鞋店生意。

✳ 人生多一種特殊經歷

這樣分享著，我想有時候讀者可能都會忘了，其實我那時候還是個學生。

每天都還是要去學校上課。

大家就會覺得好神奇喔！怎麼有那麼多時間，既要上課白天又有工作，並且當時我也還經常性地利用空檔去外面做各類學習課程，我甚至還舉辦讀書會。這樣的我，既工作賺錢，又維持學業，還要能常常陪家人。

聽起來，Cora 真是時間管理大師呢。

但是認真去觀察每個人的時間運用，你會發現，每天有多少的時間是不小心就浪費掉的？

有人下課或下班後無所事事、有人花太多時間上網聊天或玩手遊，有太多言不及義的東家長西家短，還有人與人間的爭鬥賭氣等等。每件事其實都花不少時間，**那些喊著自己都沒時間的人，其實不是沒時間，而是「沒去在乎」時間。**

以我個人的情況來說，當對一件事有熱情願意投入，自然就會找出時間。

我覺得上課很重要，基礎學習不能斷，因此我就會好好去上課，再怎麼忙，該交的報告還是會交。覺得拚事業很重要，當下還是能把時間切割好，該去夜市賣鞋就去賣，甚麼進貨以及各種行銷作業，也都不會馬虎。

說到底，有沒有時間這件事，就還是看一個人做事「有沒有心」罷了。

當我喜歡一個工作，我會喜歡到完全忘記疲累，譬如可能在跟客人聊開了，一看時間，啊！趕不及上課了，趕

快收一收趕去學校。

也的確有時候不免會翹一些課，但課業都還跟得上。

總之，很開心做這樣的買賣事業，可以跟不同個性的人交流，十七歲當老闆的經歷，讓我更加確定，我這輩子不想當上班族，因為上班肯定無法如此自由自在。

對我而言，時間自由、財務自由是我當時追求的，也會顯現在我的夢想板上的一大重點。

這也是我選擇各種事業及職涯安排的一個主力考量。

鞋店的經營，其實只占我青春歲月很短的一段時間。生意算很好，我也沒遇到甚麼大的波折，但我對來說，那就是一次人生體驗，但我沒有想要以賣鞋作為終身職業。

會收掉鞋店，因為已經高三的我，必須要關心學業前程了。

後來就專心回歸學生本色。在高三下學期，閉關衝刺準備考試，我也真的回去老東家那裡補習，加上是老員工，所以可以用優惠價上課，真的很感激！

那年苦讀後，放榜揭曉我考上致理技術學院。

不是甚麼名校。但像我這樣的事業為主學業為副的學

生，一邊當老闆還能考上這間學校，對我而言很滿意了。

而我也將迎向下一階段的生涯挑戰。

到那年我也才十八歲。

夢想板第三課

　　當你喜歡玩樂，你眼中只會注意到玩樂。當你想要拚事業，你眼中就會看到事業商機。這世界都是一樣的，想要什麼宇宙就給你什麼，差別的只是你的心境。

掌握時機，轉換跑道

甚麼階段該做甚麼抉擇？這是人生中最重要的課題之一。

我們經常說，一件事情沒有絕對的對與錯，重點在於時機。例如投資房地產、例如轉換跑道、甚至例如追求一個心儀對象。所謂「此一時，彼一時」，也許某件事在某個時間點做非常適合，然而一旦錯過最佳時機點，那麼原本最被大力推崇的事，可能屆時就完全不適合從事了。

在我過往人生中，這樣的案例很多。

可能有朋友會問我：Cora，為何妳當初做某件事，成績很不錯。但換我自己來做，卻表現不佳？

關鍵就在時機的選擇。當你判斷這是最佳進場時機，不要猶豫，勇敢踏出那一步；但當熱潮消退、趨勢反轉時，也要懂得急流勇退。許多人，願意嘗試突破人生，卻捨不得見好就收，後來等局勢不對，眼看曾經的報酬又退

回原點，甚至由盈轉虧，悔不當初。

　　真的，人生如何懂得掌握時機，進退有度，是生存的最大智慧。

　　關於時機判斷，其實沒有絕對的竅門，無法有個明確做為教戰守則的 SOP，只能靠多累積經驗，以及多多學習。所以我經常跟年紀相仿的朋友分享：趁年輕，勇於嘗試，要跌倒就趁早跌，跌了幾次，前路就再沒甚麼可難倒你的了。

　　本章繼續來分享我幾個急流勇退的歷程。

✽再度投入業務屬性工作

　　從前在宜蘭鄉下跟家人住的時候，覺得賺錢不容易，想想我存了十五年也才存三萬元耶！

　　當然賺錢真的是不容易的，即便現在的我，擁有多元的收入，也依然覺得該珍惜一分一毫的金錢。不過，至少對我來說，月入十萬已經算是很低的門檻，而我在十八歲前就已經有信心，十萬一點都不是難事。

然而那年我鞋店經營得有聲有色，已經在三和夜市站穩了腳步，也建立了長期的客源，月淨利常態超過八萬、十萬。卻在那樣的時候，我醒悟到我還是應該把書唸完，因此毅然地把每月持續進帳的店面關掉。

之後我在補習班唸書做考前衝刺班，也是對過往繁華斷得很乾淨，那兩三個月，我完全沒再分心去想怎樣賺錢的事。

直到考上致理技術學院，開始穩定上課後。我的商業魂又回來了。

我念的是夜校，但學分跟日校一樣，學費跟日校不相上下，每學期都要五六萬元。為了支應各種學費及生活開銷，很自然地我又要開始找賺錢機會。

在我念高職時代，就已經確認，對我來說，最佳賺錢模式就一定要是做業務相關，並且最佳選擇就是沒底薪純憑業績多寡計算報酬的工作。

重點是該做甚麼產業？這件事沒有標準答案，視每個人的興趣專長而有不同。還有一點很重要的，那就是結合社會趨勢，也就是找到最站在浪頭的商機點。

我念大學那一年，社會上最夯的議題就是食安。以教育界來說，2011年許多學校營養午餐被檢驗出含有瘦肉

精。日常喝的飲料也發生了塑化劑汙染風暴，一時間風聲鶴唳的，大家吃東西都擔心自己到底把甚麼吃下肚了？

順應這股關心食安的民生議題趨勢，我毅然決然投入該行業，也是有機食品銷售的知名連鎖品牌，採行的是實體銷售跟團隊發展的商業模式。而我大一開始就加入這個體系，也建立起了自己的團隊。

算是我生涯中第一次正式參與組織型業務，也是我第一次擔任組織幹部，帶領團隊銷售作戰。

如果甚麼事都要等學會了才投入，那人們將在原點停滯很久。我的習慣：面對沒經驗的事，不要先去東想西想甚麼負面的嚇自己，邊做邊學就對了。

帶領團隊，第一我過往沒經驗；第二我年紀太小，當時才十八歲。這樣的我，怎麼可能帶領團隊？但我就是真正去做，用熱情以及誠意與人為善，不論對客戶或對伙伴都是如此。

當時聽到一句名言；人生有三怕：怕高、怕火、怕上台，為了克服人生三怕，我馬上開始挑戰主持人一職，還去報名高空彈跳★，甚至還參加了專業的吞火課程，是不是真的很瘋狂？在同一年內我全都完成了。

【杜拜高空跳傘】圖片連結

如同讀者可以再去預料到的：第一次挑戰零底薪的工作，我第一個月就達成獎金收入十萬的收入。

有讀者可能要問：Cora，你之前不是開鞋店開得很好？念大學後可以再重操舊業當個老闆啊！

這就攸關一個人的生涯志趣了，透過業務銷售是賺錢最有效率模式，但若以純做業務以及自己開公司當老闆這兩件事做比較，我發現我還是喜歡純業務性質比較自由自在。開公司，就算只是個小店面，也依然要煩惱甚麼財報、人事管理、進銷存之類的瑣事，還有開店某方面也是一種束縛：雖不是上班族，卻依然要約束好常態工時，不能三天打漁兩天曬網。而我喜歡隨心所欲，依照自己的時間韻律彈性投入工作。

當然，這是我的個性，每個人有自己的屬性，還是要依照個人屬性來做生涯抉擇。

包括業務工作，也不一定是每個人的最適志趣。這關聯到我稍後會介紹到的夢想板。簡單說：**要達到我的夢想清單，唯一可行的工作模式就是投入業務性質的商業模式。而若讀者們的夢想板，主力並不是以收入做達成效率的衡量，那就不一定要讓自己朝這個性質的工作。**

總之，大一時候，我就是個功課還可以，但工作領域再度發光發熱的十八歲女孩。

※ 短暫重回上班族

分享我的故事到此，若有讀者開始想要做個結論：反正 Cora 就是個愛賺錢的女孩就對了啦！

其實並不是這樣的。

第一、我追求的人生，以實現夢想板為衡量標準，雖然賺錢很重要，但賺錢絕非我的人生目標，賺錢一直都只是做為夢想實現的一種媒介工具而已。

第二、當有機會賺更多錢，但為了賺錢卻可能妨礙我對生活品質的要求時，那我的選擇是寧願不要賺那麼多錢。

這也是現在我的人生寫照：每月的收入可以讓我生活無虞就好，我寧願過著睡到自然醒、有機會就去接觸人生中不同的精彩，這樣的生活。也不要為了賺個幾十幾百萬，日夜奔忙。

這樣的想法在我十幾歲就有了，就是十八歲那年，我靠著積極認真的推廣有機食品連鎖店的會員卡，就對一個學生來說，月收入十萬是非常豐厚的進帳。但我卻絕非每天醒來滿腦子是錢，相反地，我投入了很多金錢及時間在另一件事上：精進學習。

以學歷這件事來說，後來念到大一下就休學了。但以

學習這件事來說，我敢說，投入上課的時間，至今從來沒有停止過。

當時一知道有甚麼對生涯成長有助益的課：不論是心靈勵志、業務銷售、人際溝通或者商業新知。我都不吝惜投入學費並且在百忙中撥出時間去上課（通常是在假日上課），特別是當有國際級的大師來台舉辦的課程或講座，我更是不會錯過。

我是那麼地愛上課，乃至於曾有段時間，發生了收入青黃不接的尷尬。

那時朋友們看我業績很不錯，應該存款簿很飽。可是我大部分都拿去上課，課程很貴啊！幾萬到幾十萬的也有，只要教學內容對我會有幫助，就定會報名。

我業務工作收入雖豐，可是我才開始經營不到一年，而業績獎金發放畢竟不像領薪水般那樣固定，有些客戶這月跟你消費了大單，下一筆可能要等兩三個月後庫存用完才再來下單，另外從成交到正式入帳結算可能要一段時間，可是學費是報名當下要繳交的。

那回大約是我做這份工作的第五個月，我突然發現，我把戶頭的錢領光了。當月的房租卻還沒繳。

那時我住在台北市民生社區的一間小小雅房，房租只

要五千。但我卻沒錢繳還必須跟姐姐借錢，支應房租及生活。

姐姐當然二話不說就借我錢了，可是我也有危機意識，不能老是這樣。我深信我的工作抉擇沒錯，只是我還在打拼期，必須有足夠的資金支撐到我業績大放光彩的時候。為此，我必須彈性應變：我決定要投入短期上班族工作。

就因為這樣，那年是我自十六歲決定以後不當上班族後，唯一一段時期我過著上班族生活，時間只有短短兩三個月。目的只是要賺到一筆可以讓我無後顧之憂可以專心衝刺業務的本金。

那時我選擇到 Subway 打臨時工，每天上班四個小時。

選擇在這裡上班原因：

第一點，也是最重要的一點，我非常愛吃 Subway，三天兩頭就來這裡消費，既然要上班，當然就選擇自己熱愛的「商品」啊！

第二點，這家 Subway 離我家很近，走幾步就可以上下班了。

所以這就是 Cora，即便是要當上班族，也總是選擇

可以天天開心的職場環境，而我也不覺得上班比起當業務是種「退步」。**這裡也要再次跟讀者強調：當業務是植基於我夢想板的生涯選擇，但我沒有認為上班族就是不好，我的很多好朋友也都是快樂的上班族。**

人生只要快樂，並且確實知道自己每天朝著夢想板規劃前進就好。

而我在快餐店那段時間，讓當時衝業績無後顧之憂，從此就真的再也沒從事過上班打卡的工作了。

❋危機發生前讓團隊安全下莊

其實許多人在從事業務工作時，也會碰到這樣的問題：

例如有上班族想要轉行當業務，會擔心有段適應過渡期，可能沒有足夠進帳支付生活種種開銷。事實上，這也是我所知道，許多人不敢跳出原本上班舒適圈的原因：害怕少了固定收入，無法撐過過渡期。

的確，任何業務工作，在沒有基礎下，幾乎都要有至少半年的學習磨合階段，不論是保險銷售或房地產仲介業務，以及各種無底薪商品推廣業務，幾乎都是如此。當年十六歲第一次擔任業務，也是因為是有底薪的工作，所以

才比較安心。

　而後來從事各類無底薪業務的情況，我算是熱情滿滿非常有信心，也發展速度很快，往往一兩個月內就有成績。但即便是我，初期也需要足夠時間累積客源，這中間所有的交通以及社交應對場合花費，好比邀約別人也得請人家喝咖啡吧！這錢不能省。

　那這個問題何解呢？

　轉型這件事本來就不容易，所以才叫跳脫舒適圈。可以的做法：

　1.有計畫的退場，例如你有心想轉職當業務，那趁還在上班的時候，每月強迫儲蓄，也可以結合原本勞基法或企業訂定的退休方案等等，先讓自己有筆保底的錢。這筆錢不會太多，預估至少三到六個月，可以讓自己就算沒收入也可以過日子。如果錢太少了，真的會危及生計，當心中有惶恐，做業務也就無法全心全意了，那反倒糟糕；如果錢太多了，則擔心會讓自己少了動力，**最好還是僅有剛剛好的錢，讓自己處在必須「破斧沉舟」，只准成功，不許失敗的心境，那樣後續推展業務最有成效。**

　2.兼差轉正職，這是聽來最安全，但絕對需要強大意志力的轉職選項。畢竟我們都看到有太多的人，說是一邊上班一邊兼職，但**做事總抱著「這只是額外收入」的心**

態，那麼兼職就永遠會是兼職。人啊！只要有個安逸的退路，就不會那麼打拚。可能心態上要轉過來，在業務這塊工作，想著我要趕快上手，越早把上班族工作辭掉越好。老實說，我也在不同的職涯轉換中，有過同時身兼兩個以上工作的時期，不過大部分對像我這樣業務屬性工作的人來說，若工作時間能不衝突，就可以發展成多元收入，不一定非得放棄其中一個。

至於對原本是上班族想挑戰業務工作的朋友來說，還是要設定一個期限，例如只容許自己邊上班邊兼職業務半年時間，半年後不是專心做業務，就是認清自己決心還不夠強烈，再回頭認真思考自己想要的將來。

在 Subway 那幾個月我算是反過來，邊正職做業務推廣，邊兼職當上班族。

其實認真說，就算不去兼職上班，我估計要撐過那兩三個月應該也非難事，但我打工植基於一種負責任的心態：

我不希望自己為了想快點擺脫經濟壓力，然後想方設法逼客戶簽單，那樣就等同於強迫客戶做交易，這對我來說是個大忌。我自己熱愛自由，我的個性也絕不去強迫別人去做他還沒想清楚的事。

當我有經濟壓力，還煩惱著下月房租怎麼辦？這絕對會影響到客戶。我不想要讓這樣的情況發生，所以才決定在 Subway 短期打工上班。

此外，我做事雖看來隨興，不帶給身邊人壓力。但我其實內心都有個清楚的算盤：我當時去 Subway 打工，已經精算過要做多久該賺多少錢了，我估算的時間必須讓我賺到足夠的保底時薪，又不能影響我推廣會員卡的「正業」。

後來我正式排班，一天只工作四個小時，工作兩個月就全職回歸業務組織的銷售工作。

不過，以那家有機體系發展的後續來看，這個體系後來是失敗的，但不是因為商品或制度問題，純粹是經營者管理層面，股東方面的問題。

他們的經營糾紛當年也是鬧得沸沸揚揚。

公司營運危機，跟我當初秉持著善念推廣好的商品理念，並不衝突。公司出問題後，我的客戶及團隊成員也都可以理解，這並非我這邊有任何不誠信，因為有機產品真的是好的。至於跟我購買會員卡的客戶們，也都沒有受到

權益的損失。

為什麼呢？**我這個人，平常大家會說有些傻大姊個性，忘東忘西的，還有勞朋友關心。但是碰到跟經營相關的事，卻是具備高度敏感度。**

早在公司開始有「不對勁」時，我心中的雷達就已開啟，緊盯公司及組織高層動向，也很快就留意到各種傳言。當公司裡的忠貞幹部群還在闢謠說各種傳言都只是惡意詆毀，我卻深信「空穴來風必有因」。

到我發現公司真的一定出狀況了，我也毫不戀棧過往累積，趕快對我的團隊及客戶做出預警。那是在公司正式出事的一兩個月前。所以後來我的客戶們都有順利的把會員卡的可消費餘額用光，趁店面還有營運時，該掃的貨都掃好了。算是全部安全下莊。

這樣我對自己負責，也絕對對我的客戶及團隊負責。

而即將邁入二十歲的我，加上社會幾年的洗禮後，也已經是個相對成熟穩重的小大人了。

夢想板第四課

　　人事時地物必須因緣俱足。有時候人對了，事不對，有時候人事對了，時間地點卻不對。無法一概而論。重點是你要清楚知道自己的狀況，找出自己的人事時地物條件，做最佳選擇。而不是一味跟隨別人，卻不一定符合自己的志趣。

第二篇

夢想起飛

請你一定要畫出屬於自己的夢想板

因為我的夢想板跟你的不一樣

五年前的你也跟現在的你不一樣

如果一個人不能為自己的夢想而活

那就注定只能成為別人夢想的一部份

啟動你的夢想板

那麼，就來談談夢想以及夢想板吧！

為何前面先談志向，接著才來談夢想？那是因為，夢想不是白日夢，夢想是處在你人生某個可觸及的遠方，是你必須要確實相信有朝一日可以達到，也因此你今時今日所做的每件事，都希望是跟這些夢想實現有關的。因此你需要立志去做到這些事。

並且以上所說，都需要時間。

你不可能人生沒甚麼歷練，就構築出內心真正要的夢想，那等同是在象牙塔裡編織不切實際的幻夢；也很少人在很年輕時候，就知道甚麼是自己的志趣？以及怎樣才是你所定義最理想的未來？這些都還需要透過行動，建立資歷，經過更多的觀察以及自我省察，才能畫出屬於你真正內心企盼的夢想板。

夢想板，可以不斷調整，但當然不是朝令夕改式的變化無常。

　　夢想板，比較屬於個人專屬，也許其他人看不懂你的夢想板畫些甚麼或想表達甚麼？那都沒有關係，因為夢想板不一定需要公開，你也可以推出限量珍藏版（只有家人、愛人、知己好友看得到），甚至個人獨享版（貼在個人臥室牆上）。

　　夢想板，沒有一定的製作規則，那不是一種技術，也不需甚麼審美標準，重點是你自己看得懂，能夠時時讓你看見時有怦然心動的感受。

　　夢想板永遠要搭配行動；夢想，一開始就要設定有實現的一天。

　　夢想，不會是空中閣樓，

　　夢想，就從每一天的行動開始。

※怎樣設計出築夢踏實的夢想板？

　　夢想板，一開始一定是空白的，當你用心填上內容才會成為你專屬的夢想板。

你的夢想板上會有甚麼呢？

總不會都是錢錢錢吧？

雖說夢想板沒有規定的樣式，每個人都有權定義自己未來想要的人生。但我擔心有人誤會了「過程與結果」的定義。例如有人跟我說他的夢想是賺大錢，但我要善意提醒：**「賺大錢」不該是夢想的結果，真正的夢想應該是要問自己：賺到大錢後你想做甚麼？是環遊世界，還是成立一家公益慈善機構等等。**

總之，「賺大錢」不應該是被當成最終結果，否則有朝一日你真的賺大錢了，反倒人生變得迷惘，因為你沒想清楚賺大錢後，真正人生想做的是甚麼事？

當然，賺大錢還是可以列入夢想板「其中一個項目」啦！例如有人就是想要達到一個里程碑：人生賺到一千萬，這對他來說不是錢的實用面，而是一種精神上的自我成就感。那樣是可以的。

好吧！這裡我以自己為例，解說一下我的夢想板是怎麼製作，以及怎樣常態做自我審視？

● 夢想板的定義

夢想板，可以不只有一個；可以放進去的內容也沒有誰規定只能放幾個，因為夢想板不是我們的「目的」，夢

想板只是讓我們可以將夢想「具象化」的一個媒介。

夢想板基本款有兩種：

一種是年度夢想板，一種是人生夢想板。

※ 年度夢想板

相信很多人會在一年開始時，列出希望這一年可以達到的目標。好比今年要減肥成功、今年要考上理想學校、今年要找到理想中的另一半等等。

為何大部分人，跨年時候立下的夢想，到了明年跨年時刻，依然沒實現？依然行禮如儀，年復一年自我欺騙般，立下差不多的夢想？

一方面是因為：沒有強大的意志力，很難成事。畢竟，假定你達不到目標，最後也不會怎樣，不是嗎？沒有人會懲罰你、指責你，所以這個目標一點約束力也沒有。

另一方面則是因為沒有具象化。

鼓勵大家建立年度夢想板，「具象化」列出今年內你希望可以達到的夢想。我很少說「列目標」，我喜歡說「描繪夢想」。因為列目標，好像學校考試一般，規定要得到幾分才過關，有一種壓力感。但**「實現夢想」這件事，一定是要你自己很喜歡的，唯有你真心喜歡，你才會認真去做。**

就以減肥這件事來說，如果設定目標今年減肥十公斤，那就變成一種挑戰，但人難免有惰性，一旦過程中稍微偷懶，發現自己破功了，很多人乾脆就放棄了，減肥的事明年再說。但如果是描繪夢想，你在夢想板貼上一個少了十公斤後，輕盈美麗的女子模樣，再後製上自己的頭像，這個具象化夢想就會讓你有動力。

※ 人生夢想板

很多事都需要時間累積，好比你想要創業開設一家公司，對大部分大學剛畢業的學生來說，這絕非三年五年內可以做到。那這類的夢想，並不適合放在年度夢想板，因為你不能強迫自己一年內一定要開公司，若到時候為了創業真的刻意去花錢設一家公司（畢竟任何人都可以經濟部註冊登記開間公司，就算資本額很少也可以開公司），那就會變成本末倒置，忘記開公司背後的夢想是甚麼？而只聚焦在開公司這件「事」，那樣沒意義。

因此有這兩種夢想板，一個是**年度夢想板**，列的是預計一年內可以達成的各種願景，另一個是**人生夢想板**，列的是這一生想要完成的夢想藍圖，其中有的可能花一兩年可達到，有的需要更長時間，舉例來說，環遊世界七大洲

五大洋這件事，就絕非幾年內就可達到。除非是為了湊績效，刻意一年內搭機去到七大洲的城市，若是一定要那麼「趕」的行程，這樣的夢想也太累了。

年度夢想板跟人生夢想板的內容可以重疊，因為人生夢想板所列事項，可能有些剛好就是預計今年內可達成，那自然可以也在年度夢想板中列出。

● 夢想板形式及作法

夢想板沒有規定一定該如何做，那不是要交代給誰看的作業，而是時時提醒自己、鼓舞自己的工具。

以我來說，我會到書局買大號瓦楞板來製作。這也是坊間比較多導師們會傳授的做法。

基本上，這塊板子可以是任何你喜歡的形式，只要夠放得下你的夢想，以及你放在時時看得見的地方最重要。

這個夢想板製作的重點：

1. 凝聚思考

你的夢想是甚麼？很多人被問到這個問題時，是答不出來的。

這沒有關係，**透過夢想板，正好讓自己靜下來好好思考。所以每年跨年時候很適合做這件事，放假在家迎接新**

的一年，的確就該好好思考未來。當然，如果你今年還沒做，現在此刻也不遲。

你必須審慎思考，哪些是你一年內要做到的事？

基本上在有限面積的板子上，貼個幾十個夢想可能就很多了，有人可能專注貼上十個夢想，有人貼三十個，再多的話看起來每張圖就會很小。何況，若真正規定自己一年內要完成的事太多，那可能會操壞自己，貪多反而嚼不爛。

2. 具象化

夢想板一般不是只有文字形式，而是要以圖輔助，做具象化呈現。好比，今年內想要買房子，就去找一張心目中理想的房屋樣貌，甚至房子的細節都貼在夢想板上。想要做公益慈善認養孩童，可以貼一張非洲兒童的圖片。

所有的圖，都要是自己喜歡，可以讓自己心動的。好比男士們今年想健身擁有六塊肌，可以貼張型男泳裝照砥礪自己（最好是後製上；想要成為年度業績冠軍，可以貼上一張去年的頒獎大會的盛況照片，告訴自己「有為者亦若是」）。

為了讓圖型更具象化，有時候會幫圖型加工，例如想去荷蘭看風車，先找張美麗的荷蘭風景照，然後透過後製把自己的人像放進去，或者把風景照印出來，另外再剪自

己的全身照貼上去等等。

一般圖片來源，主要是透過網路搜索關鍵字，這樣比較方便有效率，搭配簡單的列印設備就可以印出自己喜歡的圖。

當然這過程不需要擔心智慧財產權問題，所有的圖片都只是讓自己看到，將夢想板放在自己房間或客廳，總之是可以讓自己天天看到的地方，用來提醒自己不忘築夢。

相對於年度夢想板，我自己的人生夢想板是經過這些年慢慢累積，已經列出了人生 101 個夢想。當然日後還是有可能修改，但就目前而言都還是我心之所向。而這101 個夢想項目，我則是透過手機就可以管理。我可以從手機叫出筆記本，就看到我的人生夢想清單，這部分是用條列式的，看到哪些項目已完成；哪些雖尚未完成，但我已經朝那個方向邁進。

我的第一個夢想板從 16 歲開始，至今沒有停過。

即便做房地產後沒有團隊一起做，我還是會一個人做。

我是個認真築夢踏實的人，年度夢想板都有相當的達成率，甚至有時候達成率超過 90% 以上。至於人生夢想

板，更是一件件去完成，包括本書的出版，也是在 25 歲時訂下——30 歲前要完成出書夢想。

當然對本書出版這年才即將三十歲的自己，未來人生還很長，我將持續築夢及追夢，定義出人生不同階段自己想要的幸福。

✳跟宇宙下訂單

說到夢想板，就要提到一個大家都耳熟能詳的一句話，那就是：「跟宇宙下訂單」。

《秘密》這本書在全球流傳也已經十幾二十年了，我在 16 歲讀到這本書，拜本書暢銷之賜，人人都或多或少曾聽聞「吸引力法則」的概念，但許多人其實是有聽沒有懂，畢竟「心想事成」這聽來太過抽象。

實務上，「心想事成」這件事不容易。關鍵自然是在「心」這個字上，有兩種普遍的情況：

一種是根本沒有心：也就是一般人所說的「渾渾噩噩過日子」，意思是說：連自己想要甚麼都不清楚，只是泛泛地希望自己「有一天」變成有錢人，這麼簡陋的夢想，當然無法跟宇宙下訂單，因為那代表著連訂單上面該寫甚

麼（規格、品項、運送方式等等）都不清楚。簡單說，訂單不成立。

另一種情況是心意不堅：例如有人說她想要減肥，真的嗎？美食當前她還是選擇美食而不是選擇瘦身；有人說他想要創業致富，真的嗎？每天下班後他最想做的事還是追劇或網路社群聊天，而非投入創業相關的學習。

心意不堅的人，有相當比例的人，根本打從心底不相信有所謂「跟宇宙下訂單」這種事。內心都不相信了，自然無法符合《秘密》一書所說的吸引力法則。但也可以說因為不相信，所以也吸引到不相信的結果發生，也是一種吸引力法則的顯化。

真的可以跟宇宙下訂單嗎？以我的經歷來說：是的，我非常確信可以向宇宙下訂單。或許那背後的機制聽來很玄，好像在談甚麼超越科學的怪力亂神。

但所有「心想事成」的人，絕對都是認定一個願景目標，就全心全意投入的。

但沒想到，以前的玄學如今已被科學證實了，在2022諾貝爾物理學獎——量子糾纏。

❋ 量子糾纏與吸引力法則

自從量子糾纏的特性被證實後，對於傳統的物理學科是種顛覆，而更重要的是它正在改變人們對這個世界的認知。

吸引力法則就是將你想要擁有的事物，通過意識的力量帶到你們身邊。

你是通過宇宙去下訂單，你的思想就是指令，然後你只要想像你已經擁有它了就好。

至於怎麼完成或實現，交給宇宙。

你的思想越強烈，視覺化的畫面越多，你的指令越清晰，宇宙就會越快速越準確地接收到，然後幫你實現。你的意識與你的願望就是兩個具有相同屬性的粒子。

你的意識一旦發生變化，強大到可以改變自身的狀態，而你的願望就算遠在宇宙的任何一個角落，任何一個時間點，哪怕距離幾萬個光年，都會出現超距作用，都會在你的意識發生轉變的同時，來到你的身邊，跟你的意識完成屬性同步。

也就是說：你的意識裡，你是個千萬富豪，那麼你的願望就會實現。這就是你的意識和你的願望同屬性的量子糾纏原理。

當一個人全心投入一件事，那樣的力量是很強大的。

就如同一句名言：你畫個靶想射月亮，後來沒射到月亮，至少也射到其他星星。

這時候，夢想板就很重要。夢想板可以督促你全心投入一件事。

關於夢想板：

第一，把你的夢想真正變成一種可以數值化的圖案： 你可以清楚自己有哪些夢想、每個夢想的規格（好比你想買一間六十坪的房子，或者幫助團隊十個人年收入業績達到五百萬）、以及一個設定的日期（以年度夢想板來說，就是今年內完成，有的夢想設定的更具體，好比說在九月夏季業積結算前達標）。

夢想板，有助於讓你的「夢想訂單」清晰。

第二，夢想板可以「時時」提醒自己： 我們製作夢想板，當然不是為了製作完後就收到倉庫裡。**夢想板的製作一開始的目的，就是希望自己天天看到。**

那就好比有人喜歡在桌上放座右銘般，天天看，到最後那些名言已經成為生活的一部分。

如果能讓某件事變成你「習慣的日常」，那就是所謂

跟宇宙下訂單的最高境界。

我們都不是聖人，當然也有很多壞習慣，有時候難免想偷懶一下，或者有時候也會血拚過頭、或者低潮的時候。

但無論何時，都不擔心自己會偏離生活軌道。因為夢想板總是會把我拉回築夢的路上。

夢想板的存在，就好比一個時時陪伴自己的導師，並且這個導師不會帶給你壓力，這位導師其實就是「自己」，只是透過夢想板來與我交流，也就是與自己心靈對話。

透過夢想板導航我們的人生，時時讓我們知道夢想在哪？以及我們和目前夢想實現的距離有多遠。

在我的夢想藍圖裡包含事業、財富、事業、家庭、關係、公益、旅遊、心靈成長等等。

「好東西要與好朋友分享」，衷心感謝各位讀者閱讀這本書，讓我能夠分享這一路圓夢的秘訣。

也真誠希望這整個過程，也有助於各位讀者圓自己的夢。

現在開始，就來開始製作屬於自己的夢想板吧！

夢想板第五課

把你的夢想具象化，融入你生活日思夜想的一部份，就算原本夢想似乎看來很難實現，也會因為你的認真看待，讓夢想變得越來越清晰。終有一天，你會發現，夢想其實不再那麼遙不可及，夢想就在你必然會經過的未來路上。

夢想，就是做自己開心的事

談夢想，你第一個會想到甚麼呢？

我知道許多人不論是去廟裡拜拜祈求，或者在許願池旁閉眼跟天神說話，最常詢問的三件事：財富、伴侶以及健康。這其實也是為何在台灣大街小巷，可以看到最多相關的神明：財神爺、月下老人還有保平安的諸神佛……的主要原因。

其實財富、伴侶以及健康，嚴格來說都不是夢想本身。而是「追尋夢想」這件事所需要的三個「必要條件」：亦即我們本來就要有圓夢所需的資金、並且保持健康的身心狀況，然後若有個可以彼此扶持追夢的好伴侶，就更加得好。

很多人太在乎在這些條件了，卻無法清晰定義出自己想要的夢想。他們只是很抽象地說著：請上天保佑我賺大

錢，或今年找到一個白馬王子、白雪公主之類的。

可是不論有沒有圓夢，我們大部分的人本就希望在壯年時期以前努力存錢理財，也希望覓得知己，並且獲得良好的關係以及身心健康，不是這樣嗎？

但這些不該是夢想板的主項目，夢想板的內容必須更明確、更清晰，當我們持之以恆不畏艱難去追夢築夢，直到真正夢想實現那一天，我們也更加感受到圓夢果實的甜美。

這裡繼續來分享我夢想板圓夢歷程。

❋夢想夠清晰，就越能實現

各位請思考一個問題：今天，你突然間擁有額外的一千萬元，那你會拿來做什麼？（在這先停下來思考你的答案）

有人會說，他要買房子（雖然仍有部分金額需貸款），那他的夢想就是擁有一間自己的房子。有人會說想買名車、開一家咖啡店，或者很多人像我一樣，會說想要環遊世界。無論何者，那都是很具體的夢想。

有人則是一下子回答不出來，那就代表平常沒在認真思考人生夢想這件事。

但只要願意從今天開始啟動，追夢永遠都來得及。

想要圓夢，我會問自己三個問題：

1）我為何想要追求這個夢想？

2）這個夢想要到甚麼程度才符合我需求？

3）達到這個夢想需要甚麼條件？

以前段我舉的例子來說，若「突然」擁有一千萬，很多夢想都可以實現。但現實生活中並不是真的有那筆一千萬啊！所以我們就會接著探討圓夢的細節：該怎樣擁有一千萬？

要知道，一個人若只是模模糊糊的說我想賺一千萬，那跟很明確的我需要一千萬元來開家咖啡店，是差別很大的。你會想開咖啡店，背後一定有個動機，包括你是因為「追劇看到男主角開咖啡店，很優雅的為客人親手製作一杯手沖咖啡，這是你要的夢想生活」！那也算動機。

動機不同，推動築夢的動力就差很多。很多人每天都夢想著要變有錢人，但過了五年十年後，人生還是跟「有錢人」搭不上邊，原因就在於他沒有一個植基於夢想的「具體背後動機」。

除了動機，還要有個夢想情境：亦即當你圓夢時，你會處在怎樣的氛圍？怎樣的心情？好比想像你真正開一間咖啡館後，你是怎樣主宰你這個充滿咖啡香的園地？怎樣親切跟客人問候？以及有陽光的下午，怎樣透過窗戶看到外頭百花搖曳？

　　這個情境越擬真，你就越有強烈動機想去落實。

　　有一次想帶家人去搭郵輪，那一年的夢想板我貼上了遊輪之旅。全世界有幾百艘遊輪，居然在登船的時候發現，和夢想板的一模一樣——它是「皇家加勒比嘉年華號」。它再一次印證了你心裡有多麼渴望，就會實現。

　　Cora 也曾經貼上夢想的房子，寬敞的落地窗，客廳可以看到美麗的風景，有靜心室、書房、畫室，現在也一一實現，每天睜開眼，盡是山水的景色。

　　有一年寫下要在杜拜的亞特蘭提斯上空做跳傘，當年也實現了。

　　家人的夢想也是我的夢想。有一年貼上一張美容 SPA 館的照片，有清楚的裝潢風格和設計發想，寫上要幫助姊姊完成開店夢想。我沒跟姊姊說，只是想要如何做到。一年多後完成了，在三角店面兩層樓，姊姊真的開了一家 SPA 館，夢想板又一次實現，讓我好感動。

夢想板一定要用心的把想要的具象化，因為你不知道宇宙會用甚麼方法來顯化。

　　另外請在寫上夢想板的目標時，務必要清晰，並把想實現的數字，時間都要具體實現。

　　我想追求的人生夢想很多，範圍涵蓋食衣住行育樂各層面，但每個夢想組合起來，就會變成一幅未來的人生寫真。其實我在二十五歲前，就已經基本上讓自己真實生活越來越貼近這樣的情境，後續夢想只是補充更多的細節：

　　一開始我想要的人生其實也很簡單：在金錢無虞的情況下，悠閒快樂自由自在的過生活，可以到處去旅行，身邊有著心愛的家人朋友陪伴，更能夠在公益領域幫助需要的人。

　　這個藍圖非常的清晰，也是依照這個情境來規劃自己的許多夢想。

　　也因為我的內心裡有非常明確的夢想，那時我還未滿20歲，不論財富、事業或者各種想追求的目標都還離夢想有一段距離，我只是心中有很明確的願景，我可以明確地跟宇宙下訂單。

知道嗎？宇宙後來真的回應我的訂單。

就在我 20 歲那年，真的出現了一個符合我所想要理想人生的商機：

一個既可以為我帶來被動收入、又可以悠閒自在不帶給自己羈絆、並且這個商機就是跟旅行有關。

我可以一邊旅行一邊賺錢。那不正就是我夢寐以求的境界？

這真的是很神奇的事。為什麼呢？因為在我 20 歲之前，台灣真的並沒有這樣的商機，一個之前尚未成立的公司，一個我根本也不可能憑空想像到的商業模式，卻在我 20 歲那年，在畫出自己夢想板後，確實出現了。

那是不是很神奇？

雖然，那是我 20 歲到 25 歲的經歷，後來這家旅遊事業體系，因為全球疫情等因素，已經不是當年我初加入的型態。然而當年正是因為透過這家公司，讓我實現了很多夢想，讓我更快達到財富自由，認識很多影響一生的貴人，也提升我的生活讓我在 25 歲前就可以過著非常自由自在的人生。

因此我非常感恩有這段歷程。

也真的要各訴讀者們，若你的人生夢想真的夠清晰，夢想板有確實去具象化並逐一達成，那你一定也可以像我一樣跟宇宙下訂單。成為一個擁有多元被動收入，一年到頭四處去旅行小天后。

接著，就來談談那段啟動我旅遊人生的圓夢歷程。

✳尋尋覓覓的追尋夢想行業

19 歲那年，我還在念大一，原本所從事的有機食品行銷，因企業經營管理層發生問題，後來我也提早退出了那個體系。

那一年我已經確定知道，自己找到一個理想的工作模式：**我確認我非常喜歡也非常擅長組織運作這樣的機制。**

但那年我的心還沒定下來，也因此我決定先休學，給自己兩年時間思考，將來是否要重回校園？此外**我也試著多方去嘗試各種可能，畢竟，如果很多事我還沒經歷，我又怎麼確認，這就是我「最」喜歡的模式呢？**

休學後，我善用自己時間，主力做的兩件事就是**學習**

與嘗試。

我尋尋覓覓一段時間找尋新的出路，但一直沒有找到心目中理想的公司。

因為我內心有一個基本做人做事標準：

一個工作若不能真正讓我感到心動，我就不會去做。

那是因為**唯有自己的心被打動了，才會有足夠的熱誠去服務客戶。這也是我對客戶該有的負責任態度。**

一時間還沒找到人生方向，趁著休學時期既沒有課要上，也暫時未找到工作。我就先放自己假，多多出國去見見世面吧！光 19 歲那年，我就出國六趟。

自那年後短短的五、六年期間，我就遊歷了三十個國家，並且在 21 歲後我也習慣每年都招待家人一起去了日本、泰國、新加坡、美國、杜拜……等地旅行。★

【環遊世界足跡】圖片連結

18 歲那年，人生第一次踏出國門。

那年我去了是關島、泰國、韓國、香港、日本等各地的城市，**也在那樣的過程中，我百分百確認：我超愛旅行的。我可以一輩子都在世界各地走逛而不厭倦。**

我頭腦叮咚一響！當我發現我喜歡旅行，怎麼樣可以不花錢甚至旅行還可以賺錢呢！也就開始去留意跟旅行相關的行業。例如郵輪業，郵輪就跟旅宿業一般需要把艙房銷售出去。我當時就想我可以從事旅遊相關無底薪業務銷售工作。

我有多認真呢？我找工作前，決定先「面試老闆」。

我先相中某個郵輪體系是我喜歡的，並且有個機緣，我有一個朋友，他恰好認識這家郵輪體系代銷公司的老闆。我就商請他幫我引薦。

那朋友當然很好奇，為何我想認識那位老闆？我自然也不能跟他說是因為我想在這家郵輪體系服務。我只跟他說，我想認識成功的人，學學人家怎樣創業有成啊！

畢竟身為晚輩還是有個優勢，老闆雖然忙碌，還是願意撥個時間跟一個二十歲女孩吃吃飯，看看有什麼可以幫上忙」。

那天約在一家雅致的餐廳，來的是一位身材壯碩的

中年男子。他一開始還是帶點警戒的問我，到底為何要見他？

已經從事業務工作多年的我，早練就出非常大方熱情的聊天習慣，我也嘴巴很甜非常善於讚美，才跟老闆交談沒幾分鐘，我就以一個年輕仰慕者的姿態，對老闆說出了許多諸如敬仰、崇拜、想跟優秀的老闆多多學習之類的話。（說的話雖然很像在灌迷湯，但誠意是真的，我真的對能夠經營一家大企業的老闆都很尊敬）。

果然，過沒多久，老闆就整個鬆懈下來，開始以前輩指導新人的態度跟我指導職場的道理。由於我本身也是個很好的傾聽者，老闆說著說著，不知不覺就把我當成一個吐苦水的對象。開始講他公司經營上碰到的一些雜七雜八的狀況，也包括員工怎樣不好管教？他對員工怎樣施行懲罰等等……

當我看到這位老闆，邊說話邊露出老闆本色，有時義憤填膺、有時出口成「髒」。一頓飯吃下來，讓我有些心驚膽戰的。心想：還好我沒有真的加入這家公司，否則我一定受不了這樣的管理模式。

就這樣，我打消了原本想加入旅遊產業當票券銷售業務的打算。那一段時間我也有去研究其他旅遊工作，也終

於知道實務跟想像間是有很大差距的。好比原先以為擔任導遊是個很棒的工作，每天就是遊山玩水，並且透過在不同城市，說服旅客們多多購買商品，也有不錯的抽成。但真正深入了解，才發現導遊這行有許多艱苦，最重要讓我打消念頭的一點：導遊並非隨心所欲可以去很多地方旅行，而是往往得針對相同的景點，一而再再而三，去了幾十遍甚至上百遍的⋯⋯旅行變成一種責任義務，那快樂早已變成痛苦。

怎麼辦呢？我還是喜歡旅遊啊！真的沒有既可以旅行又可以賺很多錢的業務工作嗎？

也真的後來都無法找到理想的旅遊型態業務。直到 21 歲那年遇到那家全球旅遊事業體系。

這裡先來插播，加入旅遊事業體系同一年，我除了經營團隊業務外，還有投入一個跟旅遊相關的事業，雖然那工作跟我本身旅行無直接相關，但的確跟世界各地旅人有關。

21 歲那年，我開始在宜蘭經營民宿。

※ 歡迎光臨美麗的民宿，在冬山

加入旅遊事業體系後，那幾年去了真的非常多的國家。我從加入的第一年就經常出國，甚至有時候覺得回到家，好像是回到旅館的概念。

還真的讓我想到：為何自己的家不能是旅館？

原本我就因為經常旅行，也結識了世界各地的朋友，許多都是跟我一樣的年輕人。他們的旅行玩法就很家庭式，跟團住大飯店的模式不同，趁年輕，許多男男女女會帶著些許冒險的心境去各地遊歷，他們就是人們所說的背包客。

在旅遊事業體系，有提供許多精緻的套裝旅程，吃住交通都規畫得好好的。但年輕的我經常覺得這樣還不過癮，往往在公司提供的行程結束後，還想留在當地多玩幾天，在那樣的日子裡，我也變成一個背包客。隨興的旅遊，住宿在民家。

由於自己本身也有背包客經驗，那年我回宜蘭老家，雖然是老家，我還是像個好奇寶寶般，每天閒不下來東逛西晃的，然後就注意到：咦！我們家旁邊本來有個樓房的第二層樓，原本是租給佛堂的，怎麼現在空空蕩蕩的，還

長蜘蛛網了咧？

一問家人才知道，佛堂早在兩年前就遷走了，由於這個約一百坪全部打通的大空間，很難租出去，而我們家這邊又算是鄉下地方，更是乏人問津，所以就一直空在那。

甚麼？好好一個空間就這樣閒置在那？

十五歲就出遠門自力更生的我，早已經成為一個商業嗅覺非常敏銳的女孩，當下腦海就叮一聲：我有點子了，這個空間何不拿來經營個民宿呢？

我一向以來是個愛做夢，有行動力，但臨事也很謹慎的人。我不會一頭熱的就直接投入民宿規劃這件事上。

我必須先做市調。

所謂市調，並不是泛泛的，去問親朋好友們，如果在冬山開間民宿妳們有興趣來住之類的？這樣的詢問得到的答案太不客觀了，純靠親友捧場的經營模式也不會長久。

我的市調，包含兩部分，第一部分是真的去請教有經驗經營過民宿朋友，第二部分是透過線上商業平台真正測試客戶反應。

關於這第二部分，也是源自民宿專家的實戰經驗分享。

我當時的一個猶豫點：我們家位在宜蘭的非主力城鎮–冬山鄉。並且我們家離冬山火車站有段距離，少了交通優勢，背包客願意來住嗎？

　　民宿前輩教我的方式：結合 Airbnb 的網路機制。

　　Airbnb 這個如今很知名的國際民宿出租分享平台，真正問世及拓展到全球是在 2011 年，在我 21 歲（2014 年）那年台灣也才接觸 Airbnb 沒多久，事實上直到今天 Airbnb 在台灣經營的適法性都還有很多疑義，而在我開始經營民宿那年，則屬於無法可管的灰色地帶。

　　無論如何，透過 Airbnb 的機制，我的確可以做到「全世界」的市調。方法就是：先在網路上搜尋一個我心目中想要裝潢的房間樣式，經過後製加上實際上的在地環境照片，當做民宿示意圖（這只是做為市調用途，真正後來開業，就換上實景圖），然後將我預計開民宿的地點，結合輸入的具體地址：台灣宜蘭縣冬山鄉……公布在網站上。

　　資訊公開有兩種選項，一種是開放式的由遊客自由選擇，選到就可以來住；一種是必須經房東同意才能入住。我自然選擇後者。

　　結果，我才剛把訊息公布的第一週，手機就變得非常忙碌，一晚就傳來許多叮叮叮的聲音，也就是有很多背包

客，留言點選想要來住。而我的做法，就是一一回覆：

「對不起，您所指定的日期時段目前已經額滿沒有空房」

這就是我所謂的市調。

由於擔心這樣的熱潮只是短暫現象，所以我決定將這樣的市調測試進行一個月，這期間也觀察是否只有假日有人潮，非假日就門可羅雀？

等測試一個月，市調結果確定這民宿會有很高的入住率。我才終於確認可以經營民宿。

一旦確認了，後續進展就很快了。

Cora 充分展現最佳行動力：我首先跟家人確認，租用下整個二樓，所有裝潢及管理由我負責。資金部分，「親兄弟、明算帳」，畢竟我也是免費幫家中房子做裝修。

這裡也見證到加入旅遊事業體系的另一個好處，那就是認識很多各行各業的專業朋友，包括很多房地產產業朋友，他們對於我的民宿裝修提供實用的資源及建議。最終我將原本長滿蜘蛛絲的廢置空間，轉化為優雅的住宿場域，隔成四間雅房，每間都可以住 4 人（因為背包客是租床而非租房間的概念），裝潢採用簡約風，客廳廚房衛浴共用，家具用二手貨，但床架、床鋪及棉被等則是新購。

我的報價，背包客住宿一晚只要八百元。而我的成本

除了之前施工裝潢的攤提外，其他水電瓦斯變動成本，還有簡單的管理成本都有做好精算。

管理方面，我本人不需在現場，我依然主要是在台北忙我的旅遊事業。在宜蘭這邊，我採用信箱半自助式管理，委請在樓下開店的姑姑，協助招呼客人（主要就是鑰匙交付及收回），她只需要每天早晚稍微留意一下信箱，以及檢查一下屋內的狀況，就可以賺到每天以人頭計價一人五十元（一天有幾百元進帳），一個月幾千以上額外進帳，她也很高興。此外我聘請一個打掃阿姨，負責在每租客都退房後整理房間，以及置換棉被及盥洗用具等，鄉下地方行情一天只需 250 元。

就這樣我經營起了民宿，大約不到半年就已經回本。並且那些年，可以說是生意還不錯。直到後來執政者轉換，兩岸政策變遷不允許自由行（我的客人有一半以上是陸客），後來變得不景氣。我才結束民宿經營。

我之後是無償把房子交還給家裡。等於是他們這段期間每月有租金可收，回收後還賺到一間已經整理裝潢好的四房。這樣的房型對外就比較好租了，他們日後租給在地人，每房月租五千，一個月共兩萬，也是一筆常態的租金收入。

這就是21歲的我，當年經營民宿的故事。

夢想板第六課

　　所謂成就夢想，也就是找到你的人生主控權。面對一件事，你知道你有能力做到，但你可以選擇要或不要，這才是真正自由自在地擁抱夢想。

改變，才有助於夢想實現

做自己喜歡做的事，那是最快樂的境界。

經常看到擔任上班族的年輕人，很計較幾點下班？加班每做幾個小時老闆要給多少錢？還有抱怨打卡制跟責任制優缺點等等。

其實，當生活被區分成工作與休閒，被定義出下班及假日是快樂的，相對的上班就是辛苦的。這樣的話，人生絕大部分的時間就變成「不快樂」的，那活著不就真的很累？

將工作融入成為「生活熱愛」的一部分，例如有人熱愛藝術，靈感一來畫個一天一夜，她不會覺得自己在加班，既做想要的事情，如果這件事又能夠賺錢，人生真是充滿喜悅啊！

現在工作若感到不快樂的，試著朝以下兩個方向來

改變：

第一，勇敢去找出自己喜歡的工作，也就是去追夢

第二，不然就設法讓自己喜歡現在的工作，你同樣也可以築夢

既不快樂又不做任何改變，讓光陰一天天蹉跎，這是最不理想的人生。

若能懂得製作屬於自己的夢想板，就可以找到改變的契機。

❋ 認識自己以及認識別人

改變，來自於擺脫一成不變。

甚麼是一成不變？日復一日的上班就是一成不變。這**沒有絕對的好或不好，重點在於每個人的價值觀，如同前面所說，當你覺得「工作不快樂」，那就需要改變。**

業務性質的工作，最能帶來改變，因為客戶的個性百千樣，每天可能碰到的狀況，也真的是千變萬化。但我這裡指的重點不是這種多樣的可能性，畢竟，好比說便利超商的店員，或者區公所的第一線職員，也一樣每天會碰到不同個性的人以及狀況，但總體的模式依然是「日復一

日例行公事」。

重點在於：一件事是否可以帶來新的成長。這因人而異，例如有人從事藝術工作或擔任教師，會在她喜歡的性靈領域或者教育傳承領域。

兩個判斷：

第一、是否符合我的夢想板規劃，至少基本的重點關鍵字要符合。

我會找尋的工作，都是跟健康、旅遊以及公益相關。要符合這些基本價值觀，接著才來評估其他要件。

第二、我從事這工作時開不開心？

開心的原因可能是這工作符合我興趣，另外可以讓我得到學習。

● 認識自己

當你長期待在一個傳統產業，可能比較難以認識自己。因為，一來熟悉的場域本就有同溫層的概念，大家都跟你類似，因此無法指出彼此的優劣。二來心態上，不論是變得安逸也好，或變得懶散也好，也不會去深思這種問題。

唯有跳脫原本舒適圈，才可以發現自己原本沒發現的

問題。

以我為例，曾經在我十八歲那年，有朋友跟我說：Cora，你怎麼走路頭都抬那麼高啊？

當下我真的嚇一跳，因為我完全不知道自己有這樣的情況。

我很認真再問對方一次：我真的有這樣子走路嗎？

有啊！

那位朋友還刻意模仿我走路的樣子。好像氣焰很囂張，用鼻子在看人。

那回的經驗，讓我深刻反省。我也才知道，可能因為十八歲就已經有高收入的經驗，心中難免會感到驕傲，不知不覺我走路就變成這樣子。

感恩有朋友給我提醒，不然我還會不知情的天天自我感覺良好，別人對我感受不好我還不自知。

親愛的讀者，想想自己，是否也有很多這類的自我感覺良好？只是處在一個舒適圈中沒人提醒你呢？如果有機會可以得到他人對你的回饋，就可以及早改變。

在業務工作中我要面對很多人，包括每天接觸不同消費者，要照顧自己的團隊，還有組織的高階也會給我指導。這樣的時候，都有機會讓我更認識自己。

那回朋友的提醒，讓我驚覺或許在某些人眼中我很討人厭吧！我到底甚麼時候變得那麼自以為是的啊？

有刺激就會帶來思考，有思考就會帶來改變。

我思考到：的確，我在領導夥伴時，常常會有這樣的內心 OS，雖然外表我可能還是笑笑的，但我其實對很多人的「魯鈍」感到不耐煩，會想著：這些我不是都教過妳了嗎？這麼簡單的事，為何講不只一遍了，怎麼還學不會啊？

理論上我的想法沒錯，畢竟做業務就是自己要為自己的收入負責，領導人可以教導你，但總不能你的業績也要領導幫你完成，然後你等著領錢就好？

但當我這樣想的時候，忘了每個人的出身不同，我自己是從十五歲就出來歷練的，並且我的個性開朗樂觀。我不能因此認定每個人都得跟我一樣。

認識自己後，我才能作改變。讓自己不再成為讓人討厭的人。

● 認識別人

在原本舒適圈服務的人，要提升自己的視野唯一方

法，可能就是花錢去上一些心靈成長課程，或人際關係課。

但在我的產業，我非常有機會去認識各種不同的人，這裡我特別要強調的是，值得自己學習的人，甚至也可以說是偶像級的人。

人都需要偶像（心範），這裡指的不單是歌星明星，而是一個「你覺得你想成為的人」。這其實跟夢想板有異曲同工之妙：也就是把一個理想具象化。

我在旅遊事業體系時，就有很多這樣的學習對象，這也是讓我覺得在這樣環境工作很開心的原因之一。

其中我特別要提的是，一個我很尊敬的領導人，是一位女性來自香港。

在這之前對許多「成功者」認知，都是來自媒體。例如在政界擔任總理、部長級的成功女性，以及各個產業的女性 CEO 等，也就是所謂的女強人，她們似乎都是穿著套裝，留著包頭或短髮，展現精明幹練的樣子。

也因此當年我在做團隊時，有陣子我也剪了短髮，穿上套裝站在台上當講師。可是這並不是我真正喜歡的形象，我個人還是喜歡比較女性化溫婉親和的樣子。

但過往我認知裡，要成功就「必須」要建立這樣的形

象。也的確就算我加入不同的體系，看到的女性 Leader 也都是這類的形象。

然而這家旅遊事業體系很特別的一點：這是個容納各行各業人才的組織，畢竟每個人都愛旅行。

我可以看到很多成功者：她們是既能創造個人每月高收入，又能凝聚所帶團隊高度向心力的女性 Leader，她們不一定都得是傳統那樣女強人的犀利形象。

其中這位香港老師 Millie，她是國際級的高聘，她來自加拿大籍的香港人。她的組織很大，但她本身就是溫柔美麗的家庭主婦，她不需要展現強烈的氣場，不需要總是穿著套裝，也能夠締造高收入以及高人氣。

受到她的影響，我後來也找回我想要的自己，一個溫柔有女人味的 Cora，我像個可以帶大家去旅行圓夢的大姊姊（雖然我年紀往往比我團隊成員小），而不是一個威嚴的女將軍。用溫柔取代強勢。

記得從前無意間聽到我姐姐的一個朋友提到我，她跟我姐姐說，妳那個妹妹很「欠腳」耶（台語，很幹練的意思，但帶著負面意涵，表示覺得自己很行，不需要靠別人）。

我不想成為這樣的人。藉由認識優秀的學習典範，讓

我可以學會怎樣又可以溫柔，也一樣可以事業有成。讓我當個美麗又會賺錢的鄰家姐姐吧！

✲ 我從事組織行銷的經驗做法

21 歲那年，宇宙回應我的訂單，真的讓我找到夢寐以求的工作。我開始加入旅遊事業體系的工作，那年我算是台灣投入該體系的元老級成員之一。

說是工作，因為必須付出相當的時間投入，並且必須配合公司制度要求，所從事的每件事的每個環節，要對客戶負責。但心境上，不會有「工作壓力」，也沒有上下班的概念。

沒底薪，自己的收入自己掌控的概念。當你熱愛這件事，就算深夜開會（因為或許有人這個時段才有空），或者假日約人討論制度，都不會覺得這是在「加班」。

我喜歡旅遊事業體系的工作，一方面我可以跟人們聊我最感興趣的話題：旅遊。二方面，我也真的可以去旅遊。更重要的是，我可以協助別人跟我一樣：既可以享受旅遊的快樂，又能在這過程中賺錢。

當你真正很快樂的做一件事，那就一定會帶來一個結

果：做出最佳績效。

很快地，我又成為組織裡的推薦王，很快就晉身團隊的核心領導、講師。

身為團隊負責人，我要做到的就是，扮演好兩個角色：

我既是認真的公司商品代言人，也是消費者的守護者。

很多人只扮演好一個角色，那是不夠的。例如有人就是死忠的公司粉絲，一切發言都站在公司立場，就算公司已經出現危機了，他們依然不肯認清現實，還繼續鼓勵消費者加入。最後，除了自己的事業受創，誠信也受到質疑。日後若想東山再起，講話也不再具公信力。

當然也不能完全迎合消費者所有的抗議或訴求，一個人如果無法遵守公司的制度，那就失去了領導人的格局，若身為團隊 leader 的人都無法支持公司，那消費者就更不會認同公司，一開始組織的信任基礎就會變得很脆弱。這樣的經營不可能長久。

以我在旅遊事業體系的經營來說，我非常認同公司的

產品與制度，事實上，這些商品也都是經得起考驗，當年在世界一百多個國家都有公司的足跡，我自己也是公司旅遊產品的熱愛者，真正享受到 CP 很高的服務，可以用遠低於市價的金額，體驗到最高品質的住宿及行程規劃。我也植基於這樣的認同，非常真誠地把我的感動以及喜悅分享給朋友們，這也是我的組織可以迅速擴大的原因。

但我也是感覺很敏銳的人，當一發現公司出現異常狀況（例如獎金發放不正常），我就開始有警覺心，加強觀察。當狀況持續到第二個月，我就覺得狀況不對，這時候我連對外做招募的動作都會停止。因為我做的每件事都要對會員負責，也無法在心有罣礙的心境下，上台去做各種制度及商品的宣講。

所以原本我算組織體系中，一個經常受邀上台講課的講師，我也主持許多的事業說明會，但後來當我自己對體制有質疑的時候，公司再邀我擔任這類講師時，我都婉拒，我只願擔任關於旅遊體驗的分享，因為這部分就是百分百我的真實體驗，要我分享是沒問題的。

也就是基於這樣的態度，我對自己帶領的團隊，都可以做到保護照顧的責任，捫心自問：問心無愧。

夢想板第七課

　　跳出舒適圈，重點不是刻意要讓自己不舒適。而是試著讓自己看到生命中有各種不同的新可能，也許你可以找一個全新的自己。

第三篇

財富泉源

帶來財富的秘訣

同時也是攸關終身幸福的第一秘訣

不是盯緊股票盤勢

不是掌控房地產漲跌

也不是任何的投資工具法寶

每個人出生開始就必須做的最重要投資

就是投資自己

自己就是最重要的理財基數

提起夢想板，相信不論是各行各業以及不同背景出身的朋友，夢想板所貼出來的夢想內容，或多或少都跟財富有關。

或許是直接的財富項目：如賺到一千萬、擁有珠寶、豪宅、名車，不然就是間接的財富項目：環遊世界、開一間屬於自己的店或長年捐助慈善。

錢很重要。沒錢，大部分的夢想都是空談。

但前輩曾說：「任何事情，只要用錢可以解決的都不是甚麼大事。」

有錢可以讓你擁有最頂級的設備，但有錢不保證你可以攀登百岳或跑完馬拉松；有錢可以讓你出國搭機都坐商務艙，但不代表你可以真正品味不同國家的文化。錢可以買到職位、買到服務，甚至買到美貌；但有錢也不一定

能買到人格魅力、真誠友誼，還有愛情、親情、智慧以及健康。

這裡我們繼續來聊夢想板，我們還是一定會聊到財富。

但首要重點不是談理財術，而是談怎樣打造「你這個人」。

❋ 有錢人的數學算式

讓我們先聊聊數學吧！

你的數學厲害嗎？數學不厲害的人可以理財嗎？

其實我們不需要懂甚麼深奧的微積分或複利計算，除非你的職業是精算師或數學老師。但有幾個數學觀念我們一定都懂：

● 相乘的數值遠大於相加的數值

例如 $4 \times 4 = 16$　$4 + 4 = 8$

● 基數越大放大效應越大

例如 $2 \times 2 = 4$，$2 + 2$ 也是 4。但如果是 $20 \times 20 = 400$，$20 + 20$ 只等於 40。

● 同樣的數值，可以轉化為不同算式呈現

例如 2×2=4，也可以變成（1+1）+（1+1）=4

或者 2×3=6，可以變成（1+1）+（1+1）+（1+1）=6

以上三個數學觀念，大家都懂，但很多人覺得數學只是用在學校考試上，畢業後就不太派得上用場，反正計算機基本加減乘除大家都會。

然而事實卻是：有錢人跟一般人的差別就在這。

當上班族們，用加法的觀念在賺錢，薪水就等於今天的工資＋明天的工資＋後天的工資……（如果中間請假就沒工資，甚至被扣全勤獎金）

有錢人的金錢卻總是用乘法來計算，老闆管理十個人，每個人都幫他賺錢，就是收入乘以十倍的概念。投資理財也都是盡量以乘法，計算投報率也絕對採用複利概念。加乘加乘再加乘，所以貧富差距只會越來越大。

有錢人懂得善用別人的時間及金錢為他賺錢，背後就是乘法的概念。

當上班族們好不容易有筆錢，就想試著玩錢滾錢遊戲，可惜基數總是太小，滾不出甚麼太大名堂。相對來說，有錢人寧願創造好一個夠大的基數，用這樣的基數，

一翻就是平常人花好多年功夫也累積不到的數字。

至於數值定義，有錢人更是善於玩排列組合，像是節稅就非常有用。如果他的收入是 2，必須被課稅，那改成兩個 1+1 就不用課稅了。不論是做貿易買賣、或做資產配置，明明收入比平常人高，卻可能藉由重新定義算式，反倒繳的稅可能比上班族還少。

所以數學真的很重要。

關於數學可以講得還有很多。但這裡先帶大家來認識一個重中之重的數學，也就是前述第二項所述的基數原理。

這個原理，不分貧富，任何人，就算小學生也派得上用場。只要釐清觀念，就可以創造價值。

我要談的基數，不是指貸款買房子的本金，或者投入股市或事業的本金。那些當然也很重要，但遠遠比不上以下這件事：

請投資自己，自己就是人生算式裡最大的本金。

許多人沒能認清這個道理，人生路就會走得很辛苦。

投資自己，面向很多。但要大家聚焦在兩個投資：投資自己的腦袋，以及投資自己的人脈。

投資了腦袋，將來自會加回口袋；投資了人脈，也等同投資了錢脈。

或許有人會問：Cora 老師，如果說要投資腦袋，那為何妳唸到大一下就決定休學了呢？

這是個好問題：大學教育等同於投資自己嗎？

答案是肯定的，大學教育當然是一種腦袋投資，但對我而言，學習不限在校園內。

為何像是郭台銘先生這樣的創業家，或者更早之前人稱經營之神的王永慶先生，他們的學歷都不高，後來卻都能成為首富？

以我來說，我沒有念完大學，卻沒有放棄投資腦袋，事實上，反倒是因為沒念大學，我有更多時間，可以投入學習，不僅僅指的是實戰社會經驗，也包含我投資進修提升自我超過上百萬元，甚至為了學習還飛到香港、上海、新加坡、馬來西亞等海外國家參與許多的學習課程。

我用心提升自己，這也就是提升個人的「基數」方法之一，這對我二十幾歲就能財富自由，必須說有關鍵性的影響力。

※ 誠信無價

談談 Cora 我如何投資自己，這裡就來看看我的投資歷程。

我在離開旅遊事業體系後，其實沒有一個特別的主力工作，這是源於我自己的選擇，我選擇既可以過相對悠閒的生活，但又能每月有源源的收入。這攸關一個重要的理財觀念：被動式收入。

但這裡我先來談我是如何投資我自己。

我在 25 歲後主要的收入來源，是房地產投資。然而，說起來我並非那種真的可以億來億去的大富豪，而房地產，不是動輒動輒百萬以上嗎？特別是大台北地區，不只千萬而且還上億。

我的房地產投資，以及協助朋友共同集資理財的模式，畢竟一人圓夢難，眾志成城，同時也眾「資」成城。

但有個問題：以個人房產投資來說，我如何有足夠資金投資許多的物件呢？並且既然是筆大投資，那不怕現金被套牢嗎？

的確，我認識一些資產豐富的大戶，他們理論上若不是億萬富翁至少也是好幾千萬等級的富人。但其實說真的

很多人銀行帳戶裡現金不多，甚至三天兩頭還可能發生資金周轉問題。包括很多做生意的朋友也是如此，也許一次的訂單好幾千萬聽來很大，可是收帳時間可能以年計，但各種物料及人工薪資支出，卻是以月計。現金流不夠，要靠甚麼？自然就是要朋友間的週轉了。

這裡就看出人脈的重要。

而比起人脈，做人信用更重要。

人脈可以累積，信用卻須靠長期建立的誠信。只要一次信用破產，可能終身都爬不起來。

Cora 為何可以投資本金需要很多的房地產？背後有著許許多多願意信任我的金主。

所以說：**我也許不算有錢人，但我敢說，我從不擔心錢的問題。**

為什麼呢？我的朋友們跟我合作已經到了這個地步：

Cora：陳姊，我這邊有個案子需要一百五十萬，想跟你借支，預計半年後還，利率比照上次的計算。

陳姊：沒問題啊！跟上回同樣帳戶嗎？我等一下請秘書匯給妳。

Cora：那找時間跟妳約簽個借據押本票。

陳姊：簽甚麼借據？我明天要出國了，不用麻煩。記得半年後連本帶利還給我就好。

一般人看了覺得有些誇張，實際上這卻是我平常資金調動的日常。我就是可以讓身邊許多朋友對我十二萬分的信任。他們就是相信你的人品，不會做出不誠信的事，將來該還錢時候，一毛錢我也不會去占人便宜。

甚麼是投資？

金錢往來的這些不是最大投資，真正「讓人信任這個人」才是無價的投資。

合約重要嗎？真正有心騙人的人，請再厲害的律師來審核合約，對方還是會鑽漏洞。真正有心坑錢的人，說好的白紙黑字都止不住貪婪的心。

誠信無價，

一個人被眾人所認可，這樣的「基數」，無價。

❊ 怎樣投資腦袋及人脈？

談理財，也要看每個人的風格。

所以這本書，不談太細的理財技術，因為這只是屬於我的風格，坊間有非常多專門寫理財的課程書籍讀者可以深入學習，找到最適合自己的一套方法。

　　但觀念的部分必須闡述。我認為，每個人都要抓住自己的理財風格，例如有人心臟夠大顆，經得起刺激，那就可以將財務比例放多一點在高風險高報酬項目；有人個性比較緊張兮兮的，就不適合去做甚麼中短期股票投資，可不要股票號子裡還沒賺到錢，先把自己變成醫院病號。

　　我喜歡做的都是長期投資為主，那是因為我的個性就是比較喜歡悠閒自在。然而也必須說，這樣的投資風格必須有足夠的本錢。至少達到一定程度的財富自由，才敢做比較悠閒式的投資，甚至可能半年才去看一次報表，就算帳面有虧損，若以長期持有「好的標的」概念，不論是股票或房地產，也都比較不用在意。

　　也因為這樣的風格，我 25 歲前還比較多嘗試跟眾人一起合資投資，但後來漸漸主力就是個人投資為主。因為團隊合作，可能大家彼此要配合，或者甲跟乙對風險起伏承受度不同，甲覺得此刻必須趕快結清出場，乙卻主張再觀望一陣子……此這樣情況，多少會帶來團隊成員的轉換。

不要因為賺錢傷了和氣，個人投資個人擔，才是正理。而我真的非常感激的就是有眾家好友願意信任我，讓我總是資金無後顧之憂。

　　所以我不但調動資金算是容易，甚至還有朋友主動「關心」我：

　　Cora 為何最近都沒來找我們一起賺錢啊！偶爾也要想起我啊！

　　不是因為他們錢太多，而是當沒有適合的投資管道，或者自己評估不擅長做各類投資。那閒置資金放在銀行也沒甚麼利息，他們覺得還不如交給他們所信任的我。還能得到相當趴數的利息呢！

　　其實本身的誠信，植基於對錢以及對賺錢這件事的珍惜。

　　我從十五歲開始就自力更生，每分錢都來自於自己辛苦去賺來的，最早時候在早餐店，後來不論是在補習班做業務，或者在市場賣鞋子，我賺錢雖快，但也都是一步一腳印，真的笑臉迎人做商品解說，真的在路上吶喊招生，體會賺錢真正的難處，自己很珍惜錢，也珍惜每個人賺錢

的那種心境。

　　從學生打工時代，若有短期資金調度，也已經習慣都是跟年紀比較長的朋友，很少跟親友調錢。關於自己出身本家，我當年遠赴台北就已經立誓出社會要靠自己，絕不跟家人拿錢，日後也真的是如此。至於同齡的朋友，別人還是天真無邪的學生，我是已經在社會打滾多年。因此我從學生時代到現在，不只是資金方面很少跟同齡的人往來交流，包括平日交友談事業談天，也主要是跟年齡比自己大的前輩一起佔多數。

　　這其實也是一種自我投資的概念，一般來說，跟同年齡的人，或者跟同溫層的人，可能大部分聊天會是聊生活瑣事，甚至談八卦。但如果「越級交流」，好比我十八九歲時，交流的對象可能是二十五歲後的成年人，包括我做業務行銷經營團隊時，我的夥伴也都是年紀大我很多，甚至大我一輪兩輪的中壯年人。因為如果跟同年齡的介紹產品，他們一來都太年輕，比較不關心不論是養生保健或跨國旅遊這樣的議題，二來實務上，他們經濟能力也多半不允許。

　　跟年紀比較大的前輩交流，自然較少那種八卦聊天，畢竟生活圈子又不同，卻一定可以學到他們那個年齡層的

見識和閱歷。而我也很喜歡這樣的學習。

當然，我還是有很多同齡學生時期的好朋友，包括我自己的兩個姊姊，也不算大我很多歲。我們都可以相處很愉快。

投資自己，除了投資腦袋就是投資人脈。這兩個聽來也都很抽象，畢竟，投資腦袋不代表今天去報名上個課，花多少錢就等同投資多少腦袋的概念。投資人脈，也不是今天妳看來人緣很好，經常被姊妹淘包圍就叫擁有人脈，有人多的是酒肉朋友，一旦真正出狀況需要幫忙，身邊留下的沒幾個人，那樣的人脈，不算真正的人脈。

投資腦袋及投資人脈，主要靠的還是個人的信念及真誠。

好比我十七歲開始就積極上課，後來我努力賺錢，賺來的錢許多也都是投入上課，甚至如前面章節說到的，有段時間我甚至為了上課，導致還差點沒錢繳房租。所以我是真的秉持一種熱誠在上課的。

同理，與人交流，包括跟職場上的同事，以及我推廣商品的客戶，我也都是秉持著熱誠。**我絕不會一邊跟妳介紹商品，一邊算計著可以從妳口袋掏出多少錢來。我就是打從心底不可能會做這種事。**

所謂人脈，所謂信任感，就是這樣一點一滴，靠「感覺」，而非靠「技術」累積來的。

　　這就是我打造自己這個「基數」的方法。

　　投資自己後，下一章來談具體的理財投資。

夢想板第八課

　　學習永遠不嫌晚，人生任何階段都別忘記要加強「自己」，不論想要擁有更多的財富，或實現甚麼理想抱負，若不努力投資自己，那所有一切都是空談。

打造被動式收入

　　我真的很關心理財的事，早在十七歲前就如此。每個禮拜我都固定到書店報到，點上一杯咖啡翻閱架上所有的商業相關雜誌。

　　在那一年有一本改變我一生的書，後來我知道那本書也改變成千上萬人，書名叫做《有錢人想的和你不一樣》。相信大部分讀者也已經讀過這本書。

　　不同於大部分人可能讀了後，心底有些啟發，但可能落實生活中有限。我十八歲那年，是真的懷抱著很大熱誠，不但自己一讀再讀，被這本書深深震撼，並且我還抱持著「好康道相報」的好心腸。我特地舉辦了讀書會。

　　是的，書中很多的觀念：諸如你要善用 other people's money、other people's time（懂得用別人的時間跟別人的金錢為自己賺錢），我銘記在心。然後還透過舉辦讀書會分

享，並且自己招生一連舉辦了五周，當時台下都是願意支持我的朋友們。讀者這樣就可以想見當年 Cora 是多麼充滿活力的女孩。★

當然，當時參加讀書會的，也都是年紀比我大的成年人。跟我同年齡的十八歲女孩，都還愛玩的年紀，不會對這種讀書會有興趣的。

可是，Cora 不愛玩嗎？ Cora 最愛玩了。我甚至 25 歲以後的人生，有大半時間都在玩。

但在玩之前，先做好理財規劃，這樣要玩，才玩得踏實。

愛玩的一大本錢，就是擁有被動式收入。

【人生第一場讀書會】圖片連結

✳人生一定要擁有被動式收入

在我十七歲那年，有兩個很重要跟人生規畫有關的觀念深深影響我。

我相信若沒有學這兩個觀念，我後來的人生發展會跟現在截然不同。

我認為每個人，趁年輕時就學到這兩個觀念是很重要的。
一、建立自己的夢想板
二、打造被動式收入

我知道，可能很多人，特別是有主動去上課學習的人，一定都知道這兩個觀念，重點只在如何落實。但我也相信，很多年輕人應該還是沒有體會到這兩件事的重要。這麼說吧：

人生可以比喻成一台跑車。

● 有了夢想板，就好比你有了一個 **GPS** 地圖，設定幾個想去的地方，就可以很有方向的朝目標前進。

● 有了被動式收入，就好比車子配備的是最新的太陽能充電能源，車子可以不斷往前衝，不擔心沒有動力。相較來說，靠時薪、月薪或其他計時計量型的工作就好比，每開一段路就得找加油站加油的概念。若不幸找不到加油站，那車子就卡住無法前進。

自己當然就是車子本身，如果健康沒保養好，那有再

145

好的配備都沒用，也包括車子的電子設備，相當於每個人的自我學習。若沒有自我學習，也一樣無法好好應用那些設備。

很幸運的，跟以上三件事有關的啟發，在我十七歲那年都已經有了相當的領悟。當時年紀尚輕很多事都還在摸索，但基本的理念我抓到了。

也因此，我非常積極的做以上三件事：

1.開始構建自己的夢想板。2.認真學習，只要有大師開的課我都去報名。3.尋找跟被動式收入有關的工作。

關於被動式收入，如同大家所知道的，可以分成兩個面向，一個是透過工作創造一個系統，一個是透過投資理財也是打造一個系統。

前者包含我大一時期開始經營的團隊組織運作，若能打造出一個運作成熟的體系，就可以源源不絕帶來收入，包括休假，也一樣有資金進來。指是前期要花更多功夫經營扎根。後者則是理財的部分，這部分稍後再來敘述。

其實做事認真、用心扎根，本就是我們做事的基本自我要求，重點是：選擇的工作模式不對，做事認真可能只能換得每月有限的獎金、或者資歷夠了，升職加薪幾千元

的概念，甚至若在所謂的血汗工廠服務，那做事認真只換得爆肝以及一場辛酸。但在對的體系，是可以帶來被動式收入的體系，認真投入打好基礎，就可以帶來後續龐大的效益。

記得前一章提到的有錢人愛用的三個數學概念嗎？**好的體系，可以讓相加的概念，變成相乘的概念，並且當基數數值提升，那相乘的效果是很大的。**所以我們看到從事組織、團隊行銷很成功的人，光單月的進帳就可能是一般上班族的好幾「年」收入加總，這並不是很誇張地舉例，我認識的朋友中，月入數百萬甚至千萬的比比皆是，若月薪五萬的上班族，加上年終獎金年收八十萬。那不等同：就算工作五年也比不上藉由被動式收入體系賺錢的機制？

當然被動式收入的工作機制，不限於一定要做組織行銷。像是我十七歲那年自己開鞋店，如果我再付出更多心力，打造一個體系，當我聘請了優秀員工，每個月扣掉各種固定開銷，我也還能每月有相當的盈餘，你也就等同於是另一種被動式收入。

這裡也跟大家複習一下被動式收入的定義：

每天不用做事就會自動產生的收入

然後再來複習一個大家都夢寐以求的境界——財富自由的定義：

被動收入 ＞ 每月支出＝財富自由

　　也就是說，大家都想要擁有美好的未來，想要實現夢想板上的每個項目。但回歸到現實面，夢想板上的項目，許多都要植基於財富自由。而依照上面公式來反推，可以**做出這樣的結論：「創造被動收入是每個追求夢想的人，一定要選擇的道路」**。

　　我也有很多在上班族領域兢兢業業值得尊敬的好朋友，但如果想要讓自己的夢想板早日實現，不要讓夢想板只是一個「空想板」。那麼就一定要打造屬於自己的被動收入體系。

　　若不喜歡類似組織經營的模式，可以打造被動式收入的工作和管道也很多，上述將傳統產業建構系統或還有另一條路，就是靠投資理財打造被動式收入。

　　下面就來分享我的投資歷程。

❋初學房地產的挫敗

Cora的投資理財，也算是從零開始學起，那年我是大一下生，後來還休學。雖然，本身念的科系是財經相關，我認為任何人，不論是理工商農，關於個人理財還是都可以從零開始學起。

第一步要學的觀念，建議可以學習跟建立被動收入、以及打造財富流相關的金錢觀念起步，其中影響我很深的其中兩本書《富爸爸、窮爸爸》、《有錢人想的和你不一樣》等書系。此外，許多人的理財瓶頸，可能在於個性上的猶豫，以及對未來的不確定等等，因此建議可以去上類似商業進修課程、心靈成長課、自我察覺這類的課程。

等基本觀念打好了，這時候再來學習其他理財專業，那就好比攀登山岳前先準備好相關的設備般，學習會更有效率。

前面提到我逐漸發現，當時加入的行銷體系似乎出了問題，我也警覺到有可能無法繼續倚賴這家公司。當時除了持續開發其他可以帶來被動式收入的事業外，我也積極想尋覓可以帶來被動式收入的投資。

我認識了很多優秀的朋友（這也是做業務工作最大的優點之一）。我看到很多生活優渥的人，都有在做房地產

投資理財。因此我也想朝這領域發展。

但從零開始的我，一點頭緒都沒有啊！

不過這難不倒我，本就熱愛學習的我，去書店買了所有可以找到的房地產投資書籍，全部閱讀過一遍後，心想，說起來房地產投資不過就是一種金額稍大的買賣行為，我抓住每本書都會提到的竅門：包含「低價買進，高價賣出」以及「努力找到 Apple 型物件」，覺得只要抓到這兩個關鍵，買房子也不是甚麼難事嘛！至於如何找到 Apple 型物件？書上以及 Youtuber 也都有教，就是結識可以常態配合我的房仲朋友就好。

就這樣我信心滿滿的準備下市場了。

第一步自然就是要先多多拜訪結交房仲業朋友，書上提到說要認識幾百個房仲，我心想反正我當時有的是時間，就每天去認識房仲朋友吧！

那時我才 25 歲，擔心自己年紀太輕，房仲不會認真對待我。我還特別去化妝、戴上珍珠耳環，穿著比較不那麼青春俏麗的衣裳，設法讓自己看起來像是三十多歲的熟女。

我一家一家去拜訪不同的房仲連鎖體系，當房仲問我想要怎樣的物件，我都回答，我很彈性，預算多少都可以談。重點是只要可以賺到錢就好。

奇怪的是，我覺得我很積極，還主動去拜訪房仲呢！他們不都很需要業績嗎？像我這樣主動說要買房子的，他們應該很歡迎吧？結果卻是：每次房仲只協助我帶看第一次房子，之後就沒下文了。

　　原本各大房地產暢銷書都有提，跟房仲配合好，對方會「源源不絕」提到你哪裡有好的物件。但為何以我的情況來說，不只並非「源源不絕」，連第二件通報都沒有？

　　終於我認知到：不行，我不能閉門造車。想學會專業的投資理財，還是去跟專家上課學習吧！

　　我先去拜訪我認識的房地產投資很成功的朋友，告訴她我的狀況。對方聽了後，笑著說：沒有人這樣拜訪仲介的啦！對方會覺得妳是來亂的。從第一次看房子對方就知道妳根本甚麼都不懂，這樣子說妳要來做投資，對方也不會相信啊！

　　我告訴那位朋友我了解了，那請她可以指導我該找哪位名師嗎？

　　她告訴我，她的房地產知識來自一個業界很有名的老師，但那位老師開課要求很嚴格，必須通過「面試」才有資格成為他的弟子，並且他那段期間尚沒有開立新課的

計畫。

她還跟我說，之前是每四年才開一次課呢！真的要跟這位老師學，可能有得等了。

但越是這樣，我就越希望能有這機會學習。

那天回家後，我就在房間靜下來，閉上眼誠心跟宇宙下訂單。我跟宇宙說，請幫幫我，我很想學房地產投資，希望讓我有機會跟那位老師學習。

真的很神奇的。不到一個禮拜，我就接到那位女性朋友的電話，她告訴我，剛接到的消息，這位老師，準備開課了。

※ 寧願花高學費學習真正的專業

感恩宇宙回應我的訂單，我立刻去找那位老師說要報名，也先通過面試，老師覺得我真的有心想學習房地產，願意讓我當他的學生。

問題是，學費並不便宜呢！而且是「當場」就要決定。如果回家後考慮完再告訴老師願意上課，到時候可能已經額滿來不及了。

我當時雖然月收入還算不錯，可是那高達三十幾萬的

學費，還是讓我嚇一跳，還猶豫了一下。

　　但想想，房地產投資若真的學到竅門，牽涉到的是百萬千萬的資金，比起不懂房地產，一旦投資有誤可能上千萬資金被套牢，那現在花了三十幾萬學智慧，算是值得的。並且我告訴自己，不管未來我會不會真的常態買賣房子，至少習得這樣的專業，我也可以當朋友的顧問，可以防止朋友投資房地產被騙。

　　就這樣，我當場刷卡先支付了三萬訂金。

　　老實說，當時的我內心依然不是很確認這個學習是否為最佳選擇，回家後就四處打聽，得到的回應都說這位老師是業界的頂尖。

　　直到後來通知上課後，真的坐在課堂上，才真心佩服專家就是專家，老師講的投資學問，是任何人不可能靠自修學會的，因為那牽涉到許多的實戰，每個步驟都要認真做很多功課，即便如此，也依然不代表可以真正出手買房。

　　關於房地產投資的故事，又可以寫一本書了。這裡Cora 就只簡單帶過本身的學習經驗。**我還是強調：學習很重要，以將來長遠的人生路來做對比，你現在花個幾萬元學習終身受用的知識，絕對划算。**

簡單來說，老師有建立一個〔審核房子投資是否合宜〕的檢核系統，那是個很嚴格的系統，一般可能大部分人認為可以入手的房地產，可能經過那個檢核系統篩選後，幾十上百個裡面剩不到一個符合條件。

　　也曾在學習過一段期間後，覺得自己已經懂買房的道理，甚至覺得老師的那套系統也太嚴格了吧？稍稍放寬一點標準，應該也不會出問題吧？

　　那時候我就開始，不完全照系統的規定去試，結果還真的碰到狀況，還好後來沒有真的下手，不然可能就成了慘痛經驗。

　　所以就還是乖乖的照老師傳授的方法去做，也真的那時期我已經跟同學合買幾間房子，獲利也都不錯。那些同學至今都還是常態連絡，大家都是好朋友。不過也如前一章所說的，我們後來都習慣自己個人投資，漸漸地轉向往後都是傾向單一物件的配合了。

　　老師們教導很嚴格，甚至當時候壓力過大我頭頂還出現了圓形禿。例如他規定妳下回上課前要做好的功課，若沒用心準備，那上課的氣氛就會讓我們更加緊繃，回想當年考大學聯考時，我的壓力都沒那麼大。

本章關於房地產，最後要跟讀者分享的，很多投資不像表面上看的那麼美好。例如大家都知道買房子要選 Apple 物件（也就是業界所說的穩賺物件，可能就是本身屋況好，又因某種原因可以比市場低的價格買入），但是否真的是 Apple 物件？如果只憑房仲之言，而不是靠著自己的專業，那很有可能妳會買到假的 Apple。

　　畢竟許多房仲賣房子，為了成交，一定會大大的稱讚物件的優點，但房子將來的銷售，考量的不只是房子本身的品質，有可能房子很好但有行無市，或市場很小眾，例如類豪宅式樓房的投資，就算取得以當地市場來看比市價還低的價位，但總價依然偏高，要想想誰出得起這筆錢？就算出得起，比起來買這個類豪宅，對方是不是有其他更好的選擇？

　　很多都需要經過實戰經驗，才能知道。但人一生有多少時間可以浪費在錯誤嘗試？特別是房子一次投資失誤，可能代表的就是千萬以上的資金被卡住，更需謹慎從事。因此透過跟專家學習還是必要的。

　　這是我學習房地產投資的經驗，也因為當初付了學費，我目前在房地產領域，每月為我帶來被動式收入，讓我生活無虞。

夢想板第九課

　　對一件事情不懂，用心去學就好。最可怕的是，明明不懂，卻自以為懂。等到後來嘗到教訓再來後悔，那時已經悔之晚矣。想要打造被動式收入前，學習的時間及資金不可省。

選擇可以承擔的風險

　　提起投資，兩個關鍵的數值，一個是報酬率，一個是風險性。

　　通常高報酬，代表的也會是高風險。相對來說，要找風險很低的投資工具，往往也難以帶來豐富的報酬。當然所謂風險，也是依人而定，對於有做好功課，掌握相當資訊的投資人來說，別人的高風險，對他來說，就會是「可掌控」的風險。

　　我們知道，很多人們敬佩的成功人士，不論是創業有成企業家或者財富令人羨慕的有錢人，往往也都經歷過一段冒險和辛苦挫敗的過程。很少看到一個人甚麼風險都不肯冒，就能夠坐享財富的。包含人們常說的「跳出舒適圈」，指的也是一種冒險，畢竟，原本每月有固定收入可拿，一旦選擇從事業務工作，若好幾個月沒業績，到時候

生計發生問題怎麼辦？

　　工作如此，投資也是如此。就算是某個領域的專家，也不代表他不會碰到風險。本章，來分享如何面對風險。

✽ 評估自己的投資風險接受度

　　風險發生的原因，有些屬於可以掌控的，可能對一般人來說是風險，但對專業人士來說卻是屬於透過情報分析可以事先避開的。但也有的風險是難以掌控的，例如2020 席捲全世界的 Covid-19，就是任何理財專家也無法事先掌控的。

　　任何人想要投入有相當風險的投資，要做到三件事：

　　1. 檢測自己的屬性。也就是問問自己：風險承受度有多高？

　　在坊間不同理財課程，通常也備有相關的理財屬性分析量表，甚至在網路上也有免費的相關測驗，可以自己上去填答。基本上可以區分為保守型投資人、穩健型投資人，以及積極型投資人這三類。若本身屬於保守型投資人，那可能很多投資項目不適合參與。否則投資賠錢事小，若帶來健康危害，諸如憂鬱症或者精神衰弱，那得不償失。

2. 分配可動用投資資金

對於不同屬性的人來說，可動用資金定義不同。**但基本上，這筆資金一定要是「不影響生活」的資金，也就是說，就算後來投資出狀況也不至於影響生計。**

這筆錢一般來自平常有計畫的財務分配，例如啟蒙我的理財名著《有錢人想的和你不一樣》，就提出六個理財罐的概念。如今也被很多人視為平日理財分配的圭臬：六個罐子意指六個帳戶：其中佔比例最大的罐子是生活必須、其餘五個分別是財務自由、教育、長期儲蓄、玩樂、以及捐贈。

3. 就算再忙也要做功課

越是有高風險的投資工具，越需要做功課。風險不是說不能碰，但既然「富貴險中求」，至少把所有的「險」都研究過一遍。就好像攀登高山，至少要先研究路線，知道哪些路段有險坡，哪些要攀岩等等。

做功課包括技術面以及資訊面，特別是資訊面很重要，**很多人執迷於技術面，例如買賣股票都依照某些公式，但實務上可能大環境此一時彼一時也，過往公式可以適用的狀況，到現代不一定適用。**透過資訊面的了解，可以更清楚，可能有哪些狀況，特別是非傳統型的投資項

目，更要有完備的資訊。

我本身雖然做事業很大膽，十幾歲就敢創業，但我在理財領域其實是穩健投資型，甚至偏向保守型。我參與的投資也都是一般人熟悉的保險、股票、房地產等項目，一些像自己比較不懂的外匯、期貨、選擇權等不去觸碰，更不去碰一些奇奇怪怪的投資項目。

若因友情等原因，而必須參與的投資，我也都抱定，這筆錢丟出去了，就當做捐贈吧！有賺最好，就算整個賠光了，因為心裡早有準備，也不會感到心痛。

我也確實經歷過類似的事件，當年在軒然大波的名理財名師捲款事件。

❊ 關於投資

21 歲人生第一次投資，是一位我非常熟悉且信賴的大哥，他很資深且具備非常多金融證照，我很尊重專業，不疑有他就投了 30 萬美金，連續 5 個月利息都有如期匯入，有一天他來告知國外公司出問題了，所有金融詐騙的理由都在這邊聽到了。

這次經驗讓我理解到：人要為自己的錢負責，事前因未經查證確認，致使投資失利反而成為我很重要的學習。提醒自己，之後不論做任何投資都要審慎，也都要是自己可以掌控的。「人生不是得到就是學到」，這次的教訓讓我對日後的投資就更嚴謹保守，因此也深深感到每件事情的發生都會有助於我。

　　也要請讀者們千萬注意，任何投資的決策，一定要斟酌個人的財力，不要貪快想一步登天，錢沒有在自己的帳戶裡，不要相信百分百一定會賺錢。

　　一定要讓自己在出問題時，都還可以吃得下，睡得飽，有房子住，可以照顧好家庭。

　　我也曾經在 2019 年發生的某導師事件中投資失利過。該導師老師原本是台灣財商界的名師，也真正透過他的專業嘉惠很多人，房地產投資是他的專長，包含指導我的房地產老師也曾是他的學生。然而真正出狀況的不是那位導師在房地產投資的部份，而是他另闢的一個事業。總之導師透過他的口才以及魅力，加上他在台灣將近二十年的高知名度的身分，吸引很多人投資他宣稱的新事業，最終他卻於 2019 年清空台灣資產，逃到海外去躲藏，捲款金額超過三十億，也造成很多人不只投資血本無歸，甚至有人損失慘重，連家產都抵押下去，還負債累累。

這件事，幫我上了很重要的一課，開始投資時，大家都知道這件事有風險嗎？

　　我認為這是一定的，事實上，這個投資除了這位人士本身的知名度外，並沒有其他的相關保障。

　　風險，是不可預期的事，如果可以預期會有狀況，還是想去碰，那就不叫風險，而是一種賭博。

　　一般理財工具都會有風險評估，例如股票或房地產，所謂風險，就是你以為會漲後來卻跌了，投資一百萬，想賺幾十萬，後來卻倒賠幾十萬，這是一種風險。

　　但許多時候，就算看起來低風險的事情，也會發生狀況。那是因為：

　　第一，這世上的確有很多不可預料的突發事件會發生，例如原本餐廳經營得火熱，突然一個食安事件爆發，即便不是發生在我們的餐廳，也帶來連帶效應，所有餐廳來客都下降。

　　第二，被刻意蒙蔽

　　這是很常發生的狀況，我們為何會覺得一個投資低風險？那當然是因為承辦人員的舌燦蓮花，讓我們相信這筆投資穩賺的。這種情況又可分兩種，一種是連承辦人員自

己也不知道，原來投資背後有很多沒評估到的因素。另一種比較糟糕，就是承辦人明明知道，卻為了業績，給了投資人美好的預期，遇到市場風險血本無回，最後吃虧的還是自己。

第三，保持理智而清晰的判斷

願意投資都是有了基礎信賴感，市場判斷要靠資訊蒐集，勤做功課，請教專業，謹慎決策，評估自己可接受的損失，再做最後定案。投資後，自己就負全部責任。過度的投資，或是自己不熟悉的領域、產業，一有風險都會傷及筋骨。

杜絕貪心取巧投機的念頭，就會減少被傷害的機會了。

單單以投資角度來說，還是建議針對非正常形式的投資項目，就算對方是很熟悉的朋友，也要非常小心謹慎從事。若真的要投入資金，也請投入無礙生活的資金。

我從十五歲就踏入社會，因此自然也碰過許多的投資邀約。

後來投資會變得更謹慎，還要感謝我 24 歲時另一次

的投資險被騙的遭遇。

那回是個魚苗養殖生意，對方是我一個很信任的大哥。**事實上，我們可以發現，身邊很多的投資失利事件，往往都跟原本很信任的人有關。**

那位大哥推薦的上游，本身真的是養魚專家，從事養殖業已經超過二十年。他邀約朋友投資魚苗，規劃的賺錢願景聽來也很真實，還備有圖文並茂的 PPT 簡報。

那年我還沒開始重視環保及素食愛地球等議題，所以尚沒有拒絕投資有關動物生命相關行業的概念，如果在今天我一定立馬拒絕。但當時就看在大哥跟我的交情分上，我也投資了魚苗。

以結果來說，我算是有全身而退，在老闆後來捲款潛逃前，我已在前一年抽出自己的資金。

之所以當時抽出資金，因為本身大學有財會底子的我，在投資的隔年就跟當時一起投資的朋友跑去公司查帳，履行我的股東權益。當時就發現那個帳目怪怪的，我於是跑去請教那位老闆，他只是繼續鼓起三寸不爛之舌，強調未來願景多好多美，但針對我對財報上的質疑，他卻遲遲拿不出東西，我的直覺告訴我，這肯定是假帳。

後來我們表明要退股，對方當然一拖再拖，根本不願意退。直到後來我們找到有力人士去拜訪，才終於要回投

資的資金。

那位老闆後來捲款潛逃了。

這件事也告訴我，做人不要貪心，**一個投資理財專案，如果條件好到不像是真的，那就真的「不是真的」。**

感謝 24 歲那年就有這樣的遭遇，讓我後來投資理財也更謹慎，就算是好朋友提出的投資專案，我也會審慎看待。

如果真的要幫助朋友，那就不要寄望說那筆錢一定會回收，實際上，也真的後續發生有朋友跟我調錢，後來沒法償還甚至人也不見蹤影的。

只要想成對方也有他本身的無奈，花點錢認識一個人，這樣就夠了。

❋ 幸福就是做自己喜歡的事

當然，人們也不要因為這社會有很多詐騙的情事，不敢做任何投資。畢竟，資金還是要活用，才是以錢滾錢。包括創投公司，以及每個金融機構，也都是靠各種投資，甚至包括投資新公司的 Idea，也能創造投資效益。

不過我本身，主力就還是喜歡以房地產為主，因為這領域是我真正花了很多時間，也有豐富的實戰經驗。

　　這些年來我房地產投資著重在三塊：好的物件買賣，以及包租代管、也同時是房屋設計師。也在過程中，經歷了許多次實作。

　　包租代管跟房屋投資買賣的概念不一樣，第一看重的不是賺差價的報酬，而是看中〔長期的現金流〕，這也正符合，我想要追求被動式收入的定義。

　　做這樣的投資需要精算，也是需要找到 apple 物件的，因為就算有現金流，也不代表具備好的投報率。要二者皆能符合，才算是理想的標的。

　　以現金流部分來看，不像買賣房子，可能投入一個物件後，包含買賣過戶以及裝潢整修到最終轉到下一手，這過程可能一段時間，對投資者來說在這中間的收入是零，只有一筆筆支出，最終要等賣出才有進帳。何況還需考量到政府各種打房的稅率政策。

　　這種模式當然不算是被動式收入。而屬於一次性的資本利得。

　　至於包租代管，則是二房東的概念。當然是先要跟房東講清楚用途並簽好契約，並且約定好年限，通常以三到

五年起跳。否則當你花了二三十萬把房子好好裝潢一番，房東卻臨時說要把房子收回，那豈不當了冤大頭？

正常做法，先以一個總價跟房東承租一整層，之後透過裝潢來為空間加值，後續出租就能收比較高的租金。

嚴格來說，我在二十一歲那年幫宜蘭冬山老家的房子重新裝潢作民宿，就算是種包租代管。但這裡我指的是真正策略去承租其他房東物件，再由自己經營出租的概念。

印象很深刻，當時第一個包租代管物件位在士林劍潭，四個房間加一個衛浴，我只用兩萬元承包，另外花二十五萬元整修布置，以及每個房間加裝冷氣，四個房間很快一週內就租掉了！一個月可以收租五萬多元。後來碰到疫情，租屋市場有下降，但也依然符合投報率規劃，不到一年就回本並開始算有盈餘，每個月開始有被動式收入。★

【房屋設計作品】圖片連結

做人講誠信，我當初要裝潢的事都有跟房東報備。但我知道業界有人，明明把房間做了大改裝，例如重新隔間，卻不告知房東。我就很納悶，房東又不是在海外，你

騙得了一個月兩個月，難道可以整年都騙過房東嗎？有時候房東根本就住在隔壁。

在做生意一定要以誠實為上，這也是我的處事基礎原則。

我在投資理財領域所指的被動式收入，主要指的就是包租代管，也因為做了一間兩間後，很有體悟，每月看到戶頭也很有感覺。因此，這是我在離開旅遊事業體系後主要的收入，這類的物件短短不到一年我有超過三十位房客在收租。讓我過著雖然不算是富豪生活，但也足夠我可以悠閒地過日子。

這也正符合我結合夢想板的人生規劃：

在金錢無虞的情況下，悠閒快樂自由自在的過生活，我可以到處去旅行，並且身邊有著心愛的家人朋友陪伴。

自由自在是甚麼概念呢？這麼說吧！今天就算有人捧著鈔票邀請我去做一件事，我看重的不會是那筆錢，而是這件事本身是否符合我興趣。若沒有興趣的事，錢再多也無法吸引我，因為在我的夢想板中，並不是一味追求多高收入，而是要追求幸福的人生。

例如曾有朋友開了公司，邀請我去當執行長，當然年

薪開得也夠高。但我實在不喜歡那種：被一個制度綁住，想到當執行長我可能一星期大部分時間都埋首在各種專案中，或者必須得做一堆社交應酬。那個畫面完全無法吸引我，於是我就婉拒了。

我本身也懂設計，並且我的作品不少（基本上我的所有房產物件都是我自己設計的），當有朋友邀請我擔任他們的設計軟裝師，我也願意承接。但如果是裝潢統包，我就不會承接。其實以我的經驗，擔任統包也是可以勝任的，可是那不是我的興趣所在，我喜歡幫一間新屋規劃家具、燈具、油漆、整體配色等，但不是很有興趣去接洽土木工程配線等等的。而就算承接設計的案件，我也只接熟悉朋友的委託。

我將選擇權掌握在自己手上，這就是我所謂的自由自在。至於房屋投資以外的理財，我也是有規劃的，我有投資股票以及保險等，但我就是長期放著。一點也不會因為各種漲跌起伏而心情受到影響。

❖ 理財又一章──關於保險

理財還有一個很重要的重點是，設定好醫療意外險。

一般人如果還在上班有家計負擔，如不小心出了無可預期的意外或大病，常會讓家裡陷入經濟困頓，或者得不到好一點的醫療照顧。所以請在自己收入的能力範圍內，找一位專業的保險顧問去做好適切的規劃。

當然保險最好不要用到，但是一旦需要時它將會是我們的保命錢。

Cora要當一個幸福達人，而非理財達人。

因為一個很會賺錢的人不見得是擁有人生幸福的人。

人生許多最珍貴的事物，都是金錢買不到的，包含時間、包含真情、包含與親人相處的時光，也包含珍惜每分每秒，享受生活的記憶。

與其投資更多財富，我選擇可以投資更多帶給自己幸福的選項。這就是我的投資權。

夢想板第十課

幸福才是人生所該追求的，金錢只是工具。

如果有人一味沉迷在金錢追逐遊戲，甚至讓心性被腐蝕了，讓自己迷失在貪婪裡。那就是本末倒置，反倒離幸福越來越遠。

第四篇

從愛出發

如果你的快樂只屬於你

如果你的喜怒哀樂都無人分享

那不可能會是真正的幸福

一個只以自己為中心的夢想板

不會是真正的幸福夢想板

請讓自己的夢想容納更多

你愛的人以及愛你的人

愛是一家人的功課

你愛你的家人嗎？

都說天下沒有不是的父母，但真實的人生其實不是那麼的黑白分明，家家有本難念的經，特別是在如今高離婚率、單親家庭多的社會。當人們提到父母，是指親生父母還是養父母？你要孝順的是生你的人？還是養你的人？

當家庭背景很複雜的時候，有時候談愛，不是光套用典籍或宗教所說的愛與關懷就可成事。畢竟如果一個人心中有痛，硬要談無私的愛，那也似乎有些矯情。

關於愛，Cora 也曾迷失。

我不會為了展現愛的表象而去愛，若真正談起愛，那就是全心全意去愛。

那樣的我，內心已然真正拋開過往的抱怨與不諒解，並心存感恩。

當我擁抱你，請相信這是最真情的擁抱。

渴望你擁有來自我的溫暖。

※ 離了婚，難道也斷了跟孩子的聯繫？

Cora 的家庭背景，說起來也很複雜。

曾經我在撰寫這本書的時候，也想過：是否不要提及自己的家庭背景。但如果不提的話，其實我的人生故事是有點薄弱的，畢竟，人跟樹一樣都需要根，談未來的發展茁壯，卻不敢提及當初立足的根，那樣是對讀者不負責任的。

當初主要的顧忌，自然是因為自己的家庭背景，爸媽在我小二那年就已離異，後來各自有了他們的新家庭。但這件事很丟臉嗎？其實也不是。只是年輕的我，很多事都還無法釐清。

必須說，直到二十歲前，我對我原生家庭充滿很多問號的。

我相信，這也是許多單親家庭出身的孩子，老是被認為是不開心的主因。有人說，單親教養家庭長大的孩子，心裡有個洞，永遠也無法被填滿；有人說，這樣的孩子，連最基本的親緣信任都得不到，又如何奢求將來出社會可

以與人維持良好的關係呢？

畢竟，出生於不正常，就注定了一生不正常。

是這樣子的嗎？

然而，當所謂的高離婚率以及單親家庭越來越成為「常態」了。甚至都再也不能說單親家庭孩子是不正常的，那該怎麼看待人生。

Cora 從當年那個外表開朗，也就是內心藏著傷口的女孩，後來是怎麼走過來的呢？

演變到今天，在 Cora 的夢想板裡，不論是年度夢想板或一生的夢想板，家人都一定是重要項目。例如以旅遊來說，如果單單是列出想去哪個國家玩，對如今出國旅行已經非常方便，經費也不是問題，那根本不算是有難度的夢想。因此在**我夢想板裡，包含旅遊，包含買屋、及許多想要去歷練的特殊經歷，我都註明了是要跟家人還是朋友（包括長輩兄弟姊妹以及伴侶），一起完成。那才是真正的夢想。**

小時候，爸媽離婚這些事本身，其實沒帶給我太大傷痛，可能是平日看到他們這樣爭執，我們幾個孩子心中也有個底了吧！

真正讓我不諒解的，是爸媽在我們身邊的時間很少。

　　爸媽離婚後，我們孩子跟著爸爸住宜蘭，媽媽則一個人回到台北。

　　台北說遠也不真的遠，但印象中媽媽很少回來看我們，從我小學到中學，可能就一年只見個一兩次吧！還記得她會帶幾個乖乖桶來，就我們幾個孩子一人一個這樣。

　　難道身為媽媽，就這樣給孩子一個乖乖桶就打發掉我們了嗎？

　　我心中的傷痛就是：媽媽跟爸爸感情不好，我們不懂大人的那些複雜思維，但這部分我們多多少少可以體諒。可是我不懂的是，**難道妳不跟爸爸在一起，同時也就不再愛我們了嗎？**

　　這樣的想法我當然沒有說出來，甚至日常生活中，樂天開朗的我，依然看似每天無憂無慮的跟其他孩子們玩鬧著。但其實這想法已經深植到我內心。

　　至於爸爸呢？我們都覺得爸爸只是個像影子般的存在。雖然基本上每天還是看得到他，但任何時候他都是急匆匆的。

　　我們幾個孩子也都不是幼童了，自然也懂爸爸每天辛苦，是為了這整個家的溫飽。

知道歸知道，可是心裡還是有個疙瘩。覺得反正爸爸就是覺得賺錢這件事，比照顧我們長大還要重要。

我十五歲就離家前往台北，兩個姐姐則更早就已離開家了。

說是「家」，其實大家早把自己當成獨立的個體看待。

❋原來媽媽還是愛我的

那年我離開宜蘭到了台北，一個才十五歲的少女，自然只能住在媽媽那。彼時媽媽已經跟另一個叔叔有了新家庭，我也只能住在一個兩坪的房間。跟媽媽在一起，可是我還是把自己當成外人。那其實不是媽媽對我的態度，是我自己覺得我不屬於誰，反正這個家只是回去睡覺而已。

之後我逐漸自力更生，我有賺錢能力了。

那時候我的心境是：我賺的錢就是我自己要用的（也的確我那時候要支付學費生活費，開銷很大）。至於爸爸，反正他本來就很會賺錢，哪需要我這女兒來管？

直到20歲前，我心中都想著，爸爸不屬於我的「責任額」。

媽媽呢？心中還存著一點點怨懟的我，也認為，反正她過往也沒花時間陪伴我們成長，就算我上台北，她也就只是提供我一個小小的窩居而已。所以我也不覺得該照顧媽媽。

　　直到 20 歲後，我才漸漸對爸媽的觀念改觀。所以我說學習很重要，透過一些心靈成長課程，我開始試著放下成見，慢慢試著去站在爸媽的角度想事情。

　　我試著跟爸媽和解。

　　想想媽媽生我的時候，她才幾歲，她才 23 歲呢！當時她就已經生養三個女兒了。23 歲是甚麼概念？現代人這個年紀，很多都還在念大學，對人生懵懵懂懂的，就連我自己 23 歲也是仍在戰場上打拼的時候，未來有很多願景及挑戰。而出生台北的媽媽，在這個年紀卻已經被迫困在相對來說比較落後的鄉下，注定一輩子生兒育女奉養公婆，看不到未來希望。無怪乎，她當時會有很多無助和不滿。

　　二十歲就當媽媽，她自己都才脫離孩子年紀沒多久，連照顧自己都不會，更何況要當個媽媽。同樣地，爸爸跟媽媽同年紀，也都是這輩子第一次當爸爸。真的就是邊**學邊做，也許在我們成長回憶裡，爸媽沒有善盡他們的責**

任，但對爸媽來說，他們卻已經盡力了，這已經是他們可以做到的最好的方式。

大家都不是故意要帶給其他人傷心的。爸爸就是想要支撐起這個家，他認為最好的方式就是努力賺錢，他認為照顧好四個孩子的生活，就是他當爸爸的職責。

他哪知道孩子們心中的種種呢喃？他哪知道身為三女兒的我，會想著，上面兩個姐姐都比較有被照顧到，只有我，是連續生下來的第三個女的，本期盼是個男丁，但最後是讓家人「失望」的那個女兒，所以反正第三胎就是照豬養。

爸爸哪知道我心裡在想這些？他覺得他平日有在關心我，我卻覺得爸媽都不關心我們。連平日住一起的爸爸都讓我有這種感覺，更何況是搬去台北的媽媽。

多年後，我開始試著去理解爸媽，也打開心房主動去跟媽媽聊從前。

那本來是我從前絕對不敢開口提及的話題。

但那天我就問我媽：

為何離婚後，妳每年很少來看我們？

媽媽還沒講話，眼睛就已經紅了，她說：

天知道，我多麼想妳們啊！但當時大人之間的糾葛，父親不希望還常來跟孩子糾葛，怕會帶來家庭困擾。…

接著媽媽帶著委曲的癟起了嘴唇：
其實我經常偷偷跑去看妳們，只是都沒讓妳們發現…

聽到這裡，我不禁眼眶泛紅。對不起，媽媽，我誤會妳了。

往後幾年直到現在，我們的角色互換。好像我變成媽媽，而媽媽變成被我照顧的小孩。
實在說，媽媽的個性，真的非常單純。
單純到我都很擔心她是怎樣在社會立足的？
媽媽她是個熱愛自由，有不愛與人計較的個性。年輕的時候也試著嘗試各種創業，這部分我簡直就是媽媽年輕時的翻版。
我每年都帶媽媽去海外旅行，有一回去到泰國，去參訪一個長脖子文化保存觀光區，那個村子非常落後，聽著村民敘說他們的生活，都會讓人感到心酸。結果我媽那天竟然把身上全部的錢都掏出來給村民，是全部喔！真的很誇張，因為那才是五天行程的第一天耶！

我問媽媽幹嘛這樣把錢都捐出去？媽媽就說：他們真的就很可憐啊！反正我們跟團吃住都可以不需要付錢，頂多之後不買紀念品就好。

　　我也漸漸發現以前我所不知道的媽媽。她不但有愛心，而且是超級有愛心。例如有一回我無意發現，她每天都會買便當送去某個隔壁鄰居家，一問，原來那戶人家有個老先生中風了，又沒人照顧。我問媽，妳本來有跟那人很熟嗎？其實也沒有，根本本來是不認識的，只因知道對方需要照顧，媽媽就主動當起愛心鄰居，每日送餐過去。

　　而且媽媽還有個貼心習慣，她對身邊的人都心存感恩，包括不認識的小人物們。例如有人來家裡修水電，或送包裹來，她一定會拿飲料跟餅乾請對方吃。並溫婉的說聲，辛苦你了。

　　至而今我也跟媽學會了這樣的待人。我家裡總是備有飲料餅乾，永遠以溫馨親切的態度待客。

　　曾經以為不理我們的媽媽，後來變成我貼心的好媽媽。我們現在經常一同吃飯郊遊。

※ 原來爸爸也是愛我的

既然都跟媽媽交心了，對爸爸自然也不例外。畢竟，我十五歲前還是跟爸爸以及阿公阿嬤住一起的呢！

爸爸就是個典型的男子漢。這不是他故意要耍酷，而是他們那一代的男生，都被要求要這樣。大男人主義，並不是一種壞習慣，而是那個年代身為男性就必須是一家之主。所謂男主外，女主內。男生就是有責任讓一家老少過安穩的日子，他必須像個將軍一樣，發號施令，全家都必須聽他的。

這樣的爸爸，卻和來自台北的媽媽，兩個個性南轅北轍的硬是湊在一塊，分分合合，床頭吵床尾和，但實在吵太久了，終於再也無法和。走到離婚終局後，爸爸一下子變成要兼顧家裡內外所有事，他也實在應付不來。

說起來我們家，原本只是平凡的家庭，家境並不寬裕，後來大家可以過比較好的日子，真的是爸爸去打拼出來的。爸爸也不是有高學歷的人，他純粹靠著黑手技藝，在他的行業闖出一片天，也開設自己的公司經營二十幾家分店。

他這輩子永遠不懂說甚麼愛啊！關懷啊！那些字詞。事實上，他們那個年代不論男性女性都是這樣。愛就直接用行動，不時興把愛講出來。所謂父愛，就是賺錢養家，

天經地義，這不需要特別說甚麼。爸爸的觀念就是這樣。

　　逐漸打開心房的我，也漸漸去了解爸爸真的是愛我們的。

　　實在說，原本出社會後，也開始經濟獨立，覺得可以照顧家人的我，也在理財分配時，做了相當的保險規劃。過往，我保單受益人都寫得是媽媽，心理認知中，畢竟女性相對在社會上比較弱小，是需要被照顧的。至於爸爸，他已經很厲害了，不需要我這邊的資金。

　　但這些年我跟爸媽都有相當的對話，深深了解過往對他們有很多誤解。以前我曾經憤世嫉俗的認為，爸爸其實也沒怎樣照顧我嘛！我還很刻薄地真的去計算，爸爸曾經投入多少養育經費在我身上。現在我已經知道，這些想法很幼稚，好像受傷的孩子在想著怎樣報復似的。

　　實際上多年來爸媽對我的愛從不間斷，只是不擅表達，他們的愛，也不一定是現代人認知的那樣。

　　後來我的保單受益人已經改成，父母各半。

　　這當然只是種心意，更是我心境的轉換。

　　記得那天難得跟爸聊天聊很久，他談起以前從未跟我聊過的種種，有時也不免眼眶泛起男兒淚。

他講話最起勁的時候，就是當他跟我分享生意之道的時候，講到這方面，他可以是手舞足蹈的，講話口述重點兼動作。但當談起家人相處感情這方面的事時，他又變得比較含蓄。

　　聊天聊到後來，他告訴我：

　　女兒啊！爸爸是不太會講好聽話。但你們都有我的手機號碼，爸爸保證，別的人不管，只要是我女兒打來的電話，二十四小時我一定接聽。

　　不擅談愛的他，講了一句跟愛最接近的話。他說：

　　對我來說，妳們都是最重要的。

　　很感恩，透過學習，我沒有將心中對父母的疑惑深藏太久，二十多歲就已經跟爸媽和解。

　　對於媽媽這邊，她年輕時候就生養四個小孩，奉獻了她的青春，那也是女人最黃金精華的十年歲月，之後她一個人無依無靠的去到台北，當我們都還幼小對媽媽有怨懟的時候，其實媽媽正一個人在台北為生活打拼，也度過很艱難的日子。

　　要知道身為家庭主婦十年，並且遠在宜蘭，她早就和

這社會脫節，能夠生存並不容易。

　　也終於她的孩子都長大了，現在我有能力可以成為她的靠山了。

　　而爸爸雖然身為男性，也算很有賺錢能力，但他負擔也很大，說起來他當年得照顧家中兩老及四個小孩。也不是容易的事，無怪乎早出晚歸。

　　後來發現爸爸也是很孝順以及很有愛心的人，例如我們對面有個鄰居，跟我們楊家沒血緣關係。但只因爸爸小時候曾受過那位鄰居照顧，感念在心。如今那個鄰居年老了行動不方便，爸爸特地買了一台十幾萬的老人電動車送給他。

　　還有爸爸也常助人不求回報，我的理財有部分觀念是跟他學習的。

　　爸爸都跟我說，如果有朋友跟他借錢，他不借則已，只要借了，內心就抱持著不打算要回來了。

　　這點我後來也跟他一樣。

✽阿嬤給我滿滿的愛

　　由於爸媽都很忙碌，從小我是由阿公阿嬤帶大的。阿嬤就像一個傳統的媽媽，每天煮三餐給我們吃，每天會擔

心你餓到，擔心你冷到，擔心你沒零用錢，一心一意為這個家付出從無怨言，從阿嬤身上看到無怨無悔的情分。

也因此長大後，除了爸爸媽媽外，最想孝順的也是她，她在我生命中扮演非常重要的角色。我在台北 15 年了，每 2 個禮拜我一定會回家一趟，和阿嬤聊聊天，吃吃她煮的菜，這是我的動力，很珍惜她在我生命中的每一天，也很開心我可以帶阿嬤到全世界很多的地方走走。每當她講起去美國、杜拜，她會很得意地和鄰居說：她有我很幸福，讓她這輩子可以看到這麼多地方，原來美國小孩長得真像芭比娃娃。我永遠忘不了她在美國迪士尼樂園看到後驚呼的模樣。

也常說在杜拜帆船酒店吃了一餐 6000 元放滿金箔的晚餐。

希望我的阿公、阿嬤都能健健康康的活到 120 歲。

夢想板第十一課

有時候心中有怨懟、有委屈甚至有恨，是因為太站在自己為中心思考事情。試著換位思考，想想另一個人的立場，或許心就能海闊天空。特別是跟家人相處，家是講愛的地方不是講理的地方。

每個人都可以是
愛的動力火車頭

西方人愛談法理情，東方人則談情理法。

凡事不要得理不饒人，適當時候還須睜一隻眼閉一隻眼。如果說這套在一般社交人際關係上很合用，那麼對自己家人朋友就更應該放寬容。

我的伴侶也同樣是位講師，常在課堂裡分享：「家，是講愛的地方，不是講理的地方」。

意思不是說，家人相處就可以不講道理，而是得饒人處且饒人，你跟愛人辯論道理，辯贏了又如何？好啦！你比較有道理，但兩人距離越來越遠，這樣是好的嗎？

家本是溫馨的園地，曾幾何時卻變成灰暗的牢籠？這變化肯定不是一夕間造成，而是來自無數的爭吵、抗爭、不滿、乃至於最終的疏離造成的。

但家人依然是家人，沒有甚麼深仇大恨，也沒甚麼不能坐下來談的。

如果沒有人想當破冰者，那麼，何不試著讓自己扮演這樣的角色？

✻ 愛植基於用心理解

我是經過了學習，先反省及認識自己，才能夠回過頭來重新認識家人。

說起來，我的「家」有點複雜，但每個人隨著自己長大成家立業後，又何嘗不是如此呢？

一般來說，以一個女孩來說，當她結婚後，至少就有娘家夫家兩種家庭。如果沒特殊狀況，這算是最簡單的模式。（但可惜在這個社會，每個人似乎都會碰到「特殊狀況」）

以我來說，在本書出版的這年（並且其實也正是同一個月），我將成為人妻，擁有屬於我和另一半的小天地。這是我的家。

而我的原生家庭：爸爸再婚所組織家庭，在這個家，

爸爸是生父，還有一個平常叫她阿姨的是我們幾個孩子的繼母。媽媽也是離婚後有新伴侶，在這個家，媽媽是生母，還有一個我稱之為叔叔的，他長年照顧陪伴媽媽，也算我的親人。

而從小陪伴我們最多的自然是阿公和阿嬤，以他們為最高尊長所維繫的這個家族體系，還有包含我的叔叔阿姨，以及其他表兄姊弟妹，當然也包含我自己的兩個親姊姊和一個親弟弟以及後母再生下了兩個弟弟。這算是一個大家族，每次聚會可以有二三十個人，非常特別的因為有很多對都是像我爸媽一樣，離婚後再婚，之後誕生下新成員，或隨著嫁娶而帶來的新成員。無論如何，今生有緣同住在一個家庭裡，都是我的親人。

是不是，連描述起來都很複雜了，更何況實際相處？

然而，如果有心找麻煩，不論是血緣或生活中的摩擦乃至於背後的閒言閒語，都會像在牆壁上鑿洞般，長久下來必會讓家的組成分裂剝離。相反地，若能用愛當黏著劑，大家能包容互信，那眾志成城，這個家就會堅固如堡壘。

但實在說這件事不容易，相信大家或多或少會碰到以下的狀況：

● 家族中的尊長，很有威嚴，或有其一套做事的法則，形塑了整個家的文化。最典型的例子，就是當年我爸管教我們孩子的方式，就是非常嚴格。

那在這樣的情況下，如何跳脫尊長的影響力帶給整個家溫暖呢？畢竟，你不能刻意去挑戰尊長權威。

● 家族中成員很多，每個人個性不相同，並且肯定會有完全相對立的情況，那怎麼協調像這樣不同個性的人在一起好好相處呢？

人們說當和事佬最難，因為任一方覺得你偏袒另一方，你就瞬間被貼上標籤變成敵人。本想促進和諧，後來卻公親變事主，兩面不是人，好尷尬怎麼辦？

許多人的做法是逃避：最常見的就是乾脆逃得遠遠的，若在家中就關在自己房間。反正眼不見為淨，把麻煩事擋在自己門外就好。

但難道逃避問題，問題就會自己化解嗎？顯然並不是如此。

如果都沒有人願意出來面對這件事，那是不是可以自己來扮演一個協調人呢？

我願意扮演這樣的角色，也一定要來扮演這樣角色。為什麼呢？因為**當我們要來落實夢想板，那肯定要來處理好家庭這一塊。我相信沒有一個人的夢想板，是完全跟家庭無關的。你不可能真的割捨掉原生家庭，而宣稱自己幸福美滿。**

那可以怎麼做呢？

以前面列的兩個情境來說，都是 Cora 實際發生過的家庭狀況，但我後來都能做到相當程度的調解。不敢說百分百圓滿，但至少讓原本的陰影，大部分都轉化為陽光燦爛。

怎麼做到的呢？雖然家家有本難念的經，但這裡來分享我自身的作法，希望對各位讀者，若家中有類似狀況，可以作為參考。

✳ 用感恩的心照顧他們

首先你要先穩健自己實力，且讓自己的實力被看見。

畢竟，如果你自己本身平常很頹廢、很負能量，根本自顧不暇了，若想扮演家庭紛爭的協調者，不是說不可以，但總是比較沒說服力。

自己願意提升自己，並且我很用心去對待家人。一個人的愛，口說無憑，實際行動才有說服力。

從 21 歲那年開始，就年年招待家人出國，像我的親生母親，以及從小養育我的阿嬤，我每年至少個別陪她們出國一次，直到疫情才暫停，疫情解封後又繼續。至於爸爸的部分，他事業比較忙，但一有機會我也是會招待他和阿姨一起出國，阿公則是年紀大不愛外出，我就透過其他方式孝敬他。

出國或舉辦家族旅遊真的是我很推薦的一種家人關係凝聚方式，一方面出國再怎麼說，也還是一件盛重的事，像我這麼常出國的人來說，也覺得每次出國都算是那個月的大事。因此光是招待家人出國，就是一種獻禮，帶來心的溫暖；二方面出國是很難得的，大家沒藉口去忙別的事，因為旅行這件事就已經把家人聯在一起，出國也不太會接電話，日夜都必須面對面相處，正可以培養感情。

所以我很喜歡藉由跟著家人一起旅行，既可以加深我和家人的關係，也讓不同家人間彼此更緊密。

特別是像我和阿姨（也就是爸爸續絃的太太）間，我對她心存感恩，因為她也在我們家四個孩子成長過程中，參與教養照顧。她雖和我沒有血緣關係，但感恩的心卻

是真的。我特別感恩，因為她，帶給我爸爸晚年幸福。也透過她我深深知道，人與人之間若個性不合的確會有相處困難，就像我爸爸媽媽一定是彼此相愛才會結婚，可是卻因長期個性不合而離異，我們幾個孩子成長過程都看過太多的火爆場面。但換了這個新的阿姨，她卻可以讓爸爸服服貼貼的。真的，在我印象裡，爸爸跟阿姨一次都沒有吵過架。看到他們相處就想起「天作之合」這個成語，爸爸的生活習慣就剛好跟阿姨的可以相融契合，爸爸是有威嚴的生意人，喜歡主掌大權，阿姨是很傳統的家庭主婦，喜歡有個堅定的依靠。阿姨帶給家人的快樂，為此我衷心感激。

每年的母親節，我會送親生母親禮物，也會送阿姨禮物。我也邀約兩個姊姊及弟弟一起合送。當然送禮的內容都會符合對方的個性及興趣，阿姨其實年紀算起來差我沒很多，我會送她平常可以健身的飛輪，或者幫助家事的洗碗機等等，她也很開心。

至於媽媽那邊，她後來有個長年跟她一起生活的叔叔。相對於宜蘭家中的阿姨，這個台北的叔叔跟我關係更遠了。但我也依然對他心存感恩，原因是他照顧好媽媽，讓我媽媽幸福快樂。

由於媽媽之前過過苦日子（那時候我自己還是學生，也沒法照顧媽媽），因此養成很勤儉的個性，她本身也是物慾需求不高的人，好比說，出國這件事她很喜歡，但心中也擔心這會不會太奢侈？我就會跟她解釋，我因為加入國際旅遊會員有超優惠方案，出國非常便宜。

　　可是若旅行媽媽應該會很想跟叔叔一起吧！但一方面這要花兩個人出國的費用，她會心疼，二方面叔叔因為工作關係也無法請這樣的長假。怎麼辦呢？

　　我的做法是給媽媽現金，這筆錢就指定用途是讓她們可以環島旅行用的，時間可以彈性安排，在台灣旅行也比較沒壓力。媽媽和叔叔也都很開心。

　　這是我照顧爸媽的方式。照顧他們，也照顧到他們的另一半。

　　方法就是先用心去了解他們的狀況，然後配合他們的個性及處境，來做安排。**許多人平日想討好家人，利用生日或者節慶想送禮，卻又根本不了解對方，亂送一通。雖然可以自我安慰說「心意到就好」，但如果真的是「心」意，那會更好。**

　　例如對我阿嬤來說，我也很了解她的個性，知道她也想享受人生，可是長年簡樸的習慣以及她們那一代人謙虛

的習性，讓她每次都說「這也不用」「那也不用」的。每年我邀她出國，她都說不用了啦！不要破費啦！但我也知道，反正就堅持要她去，到了出發那天，就會看到阿嬤像個孩子般既興奮又期待。

看到家人開心，我就覺得好幸福好開心。

※ 快樂的家庭聚會

細心的讀者會想要問，Cora，前面不是提到兩個家庭情境嗎？要怎樣既做到不要干涉到尊長權威，又可以帶給家族正面影響力呢？另外，家族中有不同個性的人要怎麼去協調彼此，且不要讓自己兩面不是人呢？

只要你真心關懷這個家庭，你就一定找得到方法。

以我宜蘭的老家來說，這個家族從最年長的阿公阿嬤，以及第二代包含我爸爸和阿姨以及其他叔伯等，還有第三代包含我以及姐姐弟弟，還有其他表哥表姊表弟妹們。也算個大家族。

也如同一般大家族的情況：工商社會裡大家各忙各的，很多親戚彼此間只有親戚之名，但互動關係比朋友好疏遠。甚至家族間為了過往相處的嫌隙變成仇人關係的也

所在多有。楊家過往，雖不至於有甚麼不愉快，但關係並不夠緊密。

　　有一天，大約在我 21 歲那年（是的，我 21 歲那年似乎發生很多事，那是因為我從十八九歲開始積極透過上課學習，逐漸讓自己成長茁壯）。那一天我原本在我的組織體系裡帶活動，晚上回家忽然想到：

　　我自己這些年來，經常站在舞台或講台上主持節目，我很會帶團康活動以及炒熱氛圍。光我自己的主持過的活動，算算絕對超過三百場。

　　如果說我連面對陌生人都可以鼓舞大家放開胸懷一起狂歡，沒道理我反倒無法用活動來聯繫自己家人情感。

　　即知即行，那年我就立誓我也要當楊家的一個熱情火車頭。一切就從緊接著的過年開始。那是因為，台灣不分南北，家家戶戶都一樣：過年剛好是不同家族成員必須聚在一起的時候。

　　原本這樣的聚會只是行禮如儀的東方人春節規定。但我這個火車頭，當年就開始發揮熱力，我鼓動家人「鬧熱」在一起。或許也因為念力太強大了，全家人，包括叔伯阿姨們，就都配合我的提議。

日本每年過年不是有所謂的紅白大對抗嗎？在我們楊家，也由我開始倡議，年年春節也來分兩隊舉行趣味競賽。

真的是年年舉辦，連疫情也不需中斷，因為這可以在自家室內進行。

每年除夕夜，別的家庭可能是親友各自滑自己的手機，或看電視綜藝節目打發時間守歲。我們楊家卻是人人處在亢奮中，兩隊玩得不亦樂乎。感情是這樣的：越是打打鬧鬧，就越能蹦出情感火花。君不見許多人年輕時代所謂的哥兒們情誼或姊妹淘感情，其實也都是玩在一起玩出來的。

每年我都會想出特別的點子，吹乒乓球、夾橘子等各種遊戲。

也許前一兩年可能大家還不習慣，玩到第三年以後，大家都放開了，真的都盡興地投入進去，每年我們楊家的「跨年娛樂」也都會放上我個人社群媒體，許多朋友都羨慕我們家族怎麼可以那麼和樂融融？

這些都是靠主動積極去聯繫開創出來的。

隨著家族感情越來越好，我們也越玩越瘋，不只春節

玩競賽，我們還舉辦暑假出遊，暑假不是針對年輕人喔！是真的整個家族，阿公阿嬤也一起參加。每年都舉辦三天兩夜的戶外旅行，我們包了一台中巴，去遍台灣南北各地。

不只是坐車出去旅行，這樣太普通了。我們還玩變裝遊戲。並且每年都有變裝主題。

好比電視劇【華燈初上】當紅那年，我們就全員來個民初風格裝扮，在更早之前，有一年是流行宮廷風，家族女子，包括阿嬤、阿姨更包括我們幾個年輕女孩，都穿著皇后、格格裝，男生則是皇上、阿哥裝。

你說格格裝哪裡買？簡單，掏寶網就買得到，並且非常便宜，500元就買得到。反正只是穿著好玩的，又不用真正穿上大街，也不需要嚴格要求衣服品質。甚至有時候，衣服還真的不錯！可以想見，這樣的家族氛圍多有趣？非常的放鬆自在。

在本書出版的前一年暑假，我們的主題是足球風，因為該年世足賽引起梅西旋風，我們家族旅行就都穿著梅西足球服。所謂每個人，也包括八十多歲的阿嬤，她跟我們年輕人一起玩得不亦樂乎。

在這樣大家歡樂互動的過程中，我不需要侵犯到長輩

的權威，因為長輩們也跟大家玩在一起。也因為大家有機會聚在一起，我更可以透過活動，讓大家更了解對方的個性：可能誰誰誰比較羞澀？誰誰誰有甚麼怪癖？在活動中你了解他的個性，他了解你的興趣，原本的各種誤會或不解就都得到理解與化解。或者在某些場合，也可能大家因著好氣氛影響，從前不敢談不願談的事，趁著遊戲興頭大家聊天就聊開了：你為什麼上回對我講話那麼傲慢？上回？天啊！你誤會了，我根本不知道你會介意，對不起……然後很多事就因此得到解決，不用內心有疙瘩。

包括在這樣家族聚會中，我也更熟悉每個家族成員，像我有個表弟，過往經常鬱鬱寡歡，我後來跟他深聊，才知道他其實原本對自己原生家庭有不諒解。他的家庭也跟我一樣，爸媽離婚，只是他年紀尚輕且個性不像我那麼樂觀，一直走不出家庭變異的傷痛。甚至因為很氣媽媽離開他，而不想拿錢回家孝養媽媽。

但經過我與他長年的陪伴，我即便人在台北，也不忘經常透過打電話跟他聊天。甚至我成為表弟最可以信任的知己。我無法強迫表弟跟我一樣，但我可以透過我自己的經歷，促使他做不同的思考。

後來，表弟心態逐漸改變，他願意重新認識他媽媽，

以前每月賺的錢不想孝養媽媽，後來都願意給母親孝養金了。而現在的他還會跟媽媽抱抱，也能感受到媽媽對他的愛，關係也比以前好很多。聽了都很感動，也知道這樣的轉變得來不易。

這是我們楊家的故事，每年家族聚會的歡樂還在繼續上演著。

這一切都要有個發起人。

也許，您也可以擔任那個發起人。

夢想板第十二課

實現夢想，你不需要被動的等待。有時候你自己就可以成為那個帶來改變的關鍵人物，不要預設立場，不要妄自菲薄，要相信有你在的地方，夢想就會因此實現。

當個心中有愛的人

　　愛人可以成為一種習慣，我不相信有人可以在職場上對客戶展現十二萬分熱力，回到家就完全對家人不理不睬。也不相信有人可以對家人用真愛對待，可是面對其他人，就冷漠無情。

　　有人舉電視或小說的情節做例子，好比有人事親至孝、疼愛孩子，可是在職場上鐵面無私，近乎無情。或有人在工作時候，是眾所周知的好好先生，但是回到家卻對家人很無禮。

　　發現當自己越來越懂得關懷別人，那真的是人間處處有溫暖。我跟家人在一起很愉快，跟工作上的夥伴相處很愉快，也包括跟路上打招呼的人，或隨機進入的店家店員，交流都很愉快。

　　包括各位讀者們，你們看我的書是不是也很愉快充滿幸福感呢？希望這是我這本書帶給您的。

因為心中有愛的人，光就一直在。

✽我想，我也可以走入婚姻

談愛，就要從自己熟悉的環境開始。

有句話說「最熟悉的陌生人」，面對自己的伴侶、父母、家人，因為太熟悉了，反倒無話可說。是這樣嗎？其實一切都只是自我心中的障礙，是自己想逃避溝通的藉口。

如同上一章所介紹的，如何跟爸媽破冰？重新帶給家人和諧？如果當初沒有行動，就永遠處在「心有芥蒂永遠不和」的困境。

這裡我要來談我認識的一對忘年之交。

這是一對老夫妻，出書這年老先生已經坐八望九的高齡，他的妻子小他十五歲，但也已經七十好幾，算是阿嬤的年紀。

他們不是我的親族，也不是工作上認識的客戶，事實上，我們就是純粹朋友，沒有其他商業往來。

我固定跟這對老夫妻每月聚餐，已經持續超過八年。

回想初識那一年那一天，我去某家壽司店用餐，那家

日式料理很早就引進自助點餐系統，而很多人，特別是年長者是看不懂這套系統的。當天我正在吃壽司，看到一位銀髮阿公很困惑地站在機器前，我知道他們碰到困難了，就主動上前幫他點餐，我們兩人竟然就這樣聊開來了。

與人交往秉持真誠，我也不過問老先生甚麼行業，他的身分不會影響到我與他的交流，我就很自然地聽他講他想分享的故事，我也聊我的種種見聞心得。聊到後來意猶未盡，彼此留下 Line 的聯絡方式，約定下次約一天再一起吃個飯。

一般人說「下次再見」，大部分都只是客套話，更何況對方是年紀大我好幾輪的長輩。但我們不是社交客套，是真心交朋友。從那年開始，真的每個月至少約一天，可能老先生在 Line 上留言：「Cora 這月哪天有空啊？」我們三個，二老一少就真的約個地方見面。

對方時間很空閒，而我時間很彈性，彼此都好配合。例如我說下周三，我只有下午五點到六點有個空檔喔！

好啊！老先生就會說，那就約下周三下午五點，他們就會搭著大眾運輸到我方便的地方與我碰面。我常常跟他們開玩笑說：你們真是會吵的小孩有糖吃！（每個月時間一到一定都收到爺爺奶奶傳來的邀約訊息。）

想想，這樣的交友經驗，完全沒有甚麼利害計較，是不是很純真很感動？

　　也必須感恩這對老夫妻，他們畢竟人生經驗豐富，他們的人生智慧對我有很大的啟迪。

　　就以男女關係來說，現代人離婚率很高，並且那數字高得嚇人，包含我自己親族還有我身邊周遭的朋友，處處都可以看到離婚的案例，甚至每年離婚的對數還比結婚的高。看多了，自己難免也會害怕，事實上，在二十多歲時，我就抱定了我這一生不一定要結婚的念頭。

　　但這對夫妻改變了我，爺爺八十多歲了，他和奶奶認識多久了？竟然是青梅竹馬，彼此認識五十多年了。

　　難道這五十多年都沒有吵過架？都沒有碰過甚麼意見不合？都沒有現代人愛說的「個性不合、志趣不合、相處習慣不合」……一大堆的不合。

　　肯定有不合，重點是：夫妻倆選擇彼此對抗，還是彼此包容共度難關。

　　看著老先生細心呵護著老太太，當老太太吃東西弄髒衣服，老先生還會輕輕且愛憐地幫她擦拭，我內心是感動的。

　　心想：也許結婚也沒那麼可怕，只要我願意承擔，我

一定也可以跟另一半經營出好的婚姻。

所以，愛是一種信念問題。愛不應該有藉口。
擔心離婚？
到底擔心的是自己無法面對另一半不同生活習慣的挑戰？還是擔心自己沒準備好進入婚姻？那到底怎樣才叫準備好？

有人會問 Cora，妳全力支持婚姻，大力反對離婚嗎？

不，我相信愛，但不會迂腐地認定離婚就是失德或失敗。我也沒有對自己爸媽離婚有抱怨。因為**我相信即便有愛，但終究有時候「相愛容易相處難」，重點是已經試過了，並且是很認真的試過了，到那時候也不需要被婚姻所綁住，放彼此自由。**

甚至我知道很多女性，明明婚後生活很痛苦，卻只因忌憚於傳統社會觀念帶給女性的壓力，或者源於對自己的價值否定（古時候，沒有職業婦女，女性的確很弱勢），而必須將就一段不快樂甚至很痛苦的婚姻。這其實是很可怕的，因為這種「將就」代表的是「一輩子的」牢籠，人生難得，卻要這樣埋葬自己一生？

我還是必須強調的重點：**你有用心去維持這段關係，用心去了解另一半是跟妳不同的人，用心去感受妳是真的愛他。**經過了嘗試，知道仍無法改變甚麼，知道自己持續痛苦著，這樣離婚也可以是一個選擇。

　　我非常確定的，我的爸媽真的嘗試過了，最終必須離異，也就無怨無悔。

　　於是當我遇到了真正可以觸動我心弦的人，也透過一段時間的共處生活、到各地旅行，了解他跟我可以在身心靈方面都非常契合。確認這是我要珍惜遇到的真正幸福。

　　我也決定勇敢的走入婚姻。

　　2023 年七月，我跟我最愛的伴侶，決定相知相惜，即將走入婚姻共組家庭。

　　這裡我繼續來分享其他關於愛的故事。

✣ 感恩，那些嚴師們

　　這裡我要先來談談，一些小時候對我帶來正面影響，我想表達感恩的人。

　　小時候我住在宜蘭冬山，平常主要是跟著阿公阿嬤生

活，不過他們操忙於農事，其實也沒空管我們。白日裡大人都不在，我的生活其實也蠻悠哉的，我想，我那麼熱愛自由，可能也是緣由於小時候已經習慣這樣子過日子。

然而，一個人若總是無人管束，任憑天性發展，這樣子的女孩子長大，可以變成現在這樣的 Cora 嗎？

終究還是要有嚴師出馬，而我小時候就遇到幾位貴人嚴師。

第一個啟蒙我學習的老師，是我五六年級的班導師，吳老師。

他當時規定每個小朋友，回家後要花三十分鐘讀課外閱讀讀物。我不曉得其他小朋友是不是真的照做？還是口頭上說有讀，實際上根本沒有只是翻一翻做應付？但我的個性從小就很聽老師的話，因此老師規定說閱讀三十分鐘，我就真的去找課外讀物閱讀三十分鐘，並且實際上比三十分鐘更久。

這件事對我影響很大，在那之前，我根本不曉得原來學校有個圖書館，從那以後，我乖乖的每天去圖書館找書閱讀，而這樣的閱讀習慣竟然持續到今天，成為我終身興趣。也就是因為熱愛閱讀，我才在十幾歲時候開始大量的閱讀課外讀物，自己也舉辦讀書會，更因為熱愛閱讀以及

學習，日後才常常報名各類課程。這些課程也改變了我的人生。

因此他是我的第一個教師貴人。

到了國中碰到另一個貴人，這個貴人是個真正的嚴師。

那個年代，鄉下地方教育依然有體罰，家長們也都贊成打罵教育。所以我的國中時代，也是經常挨打。因為當時的嚴格督促，奠定我許多的學習基礎與做人做事觀念。

會被打一方面因為進入國中開始面對升學壓力，課業繁重，老師必須督促學生考好成績。一方面也因為我念的是管樂班。

說起這管樂班，最早是阿嬤鼓勵我去念的，因為小六有一回她去接我下課時候，聽聞某個家長說，將來去某某國中一定要讀管樂班，並且還說「機會難得」，因為管樂班的陳導師一次要帶班三年，今適逢三年一屆的畢業，這位導師又重新回歸一年級帶班。於是我阿嬤回去後，不只督促我要去念管樂班，還好康倒相報的跟幾個鄰居好友遊說，結果升上國一時，光我國小同班同學就有六個跟我一起念管樂班。

還沒念國中時不知道，以為管樂班每個人都可以玩樂器，很棒啊！其他小朋友也都跟我一樣充滿期盼。後來才知道管樂班其實是魔鬼訓練班。

　　那時一班有三十六個學生，各自主責一個樂器，我本來想找一個按鍵最少可以最輕鬆學習的樂器，當時看中的是小號，因為小號只有三顆鍵。

　　當時我跟老師說，我要學這個，但老師要我張開嘴巴，看一看竟說，妳牙齒不整齊（我後來有矯正牙齒），不能吹銅管樂器，改分配我學其他樂器，結果我最怕的卻偏偏讓我遇到：我被分配的是有高達２２顆鍵的單簧管。

　　好吧！既然被分配好樂器了，就把這樂器學好吧！這樣也算當個好學生了。然而，把自己樂器學好只是「基本功」，我們「本分」仍需顧好課業。不只顧好課業並且基於某種約定俗成的印象：管樂班被規定必須是全校最優秀的，學習成績必須全校頂尖，其他操行禮儀更不用說，管樂班必須是全校的楷模。

　　就這樣，我們的國中生活過得很精采，大家被從早操到晚：尤其考前更是一早六點就要到校念書（因為平日練樂器花掉很多時間，因此必須比別人提早到校念書）、別的學生六日休假，我們往往六日都仍須讀書或彩排樂器

表演。

如今回想那段日子不知道怎麼過來的，但奇怪地，明明應該很苦，回憶起來卻很甘甜，也從來沒任何學生去哭訴抱怨過甚麼的，直到今天都畢業十幾二十年了，同學都還保持聯絡，每年教師節也會跟當年的導師感恩。

說起來，我們都是被這個導師從國一打到畢業的。

這位貴人導師陳老師，他帶領的樂隊長年代表宜蘭參加全國中學大賽，年年得獎。

陳導師打人是不分男女的，只要成績不達標準，他手持像塑膠掃把柄那樣粗的棍子，打孩子屁股或手心從不手軟。你該考幾分，卻沒達標，差多少分就打幾下，絕不寬貸。

當然打幾下也依資質而定，像有的孩子本身的確就是比較不會念書，盡力了成績也只能勉強及格，老師反倒看他已經努力了，不會打他。可是像我，被老師賦予很高期許，即便分數不錯，但沒到老師要的標準，照打。

我就這樣幾乎天天被打，不只挨打，回家還要罰寫，標準也是超嚴格，例如差五分就要抄五遍課文，最多可以被罰抄二十遍課文，那代表著晚上回家，根本其他事都不用做，寫完課文就準備要上床睡覺了。第二天一大早還是要去學校。

這樣的軍事教育，理當讓大家討厭上課，甚至記恨老師。但反倒我們都沒有這樣的想法，大家吃苦當吃補，三年過後，還倍覺懷念。

現在回想起來，當時為何如此樂於服從呢？我們當年那麼辛苦，甚至經常因為各種犯錯，好比考試成績不好，或者樂器表現不佳等等，都必須罰跑操場，並且被規定是抱著大鼓跑操場。搞得我們管樂班變得好像是體育班一樣。但大家事後都甘之如飴。反倒現代的學生，打不得罵不得，卻時常仍有教育糾紛，家長控訴老師教學不當，或孩子被霸凌校方不處置等等，經常有各類的不愉快，甚至還鬧上媒體版面。

為什麼差別如此之大？是從前孩子比較有韌性，現代孩子太過嬌弱嗎？

我想問題不是出在孩子的資質，而是關乎教學的用心。從前我們雖然天天被軍事般管教，要念書考試還得樂團受訓並且被要求每個項目都需第一名，晚上假日也不得閒。雖然日子很操，但我們都清楚知道：老師是愛我們的。

畢竟老師可以不必如此辛苦，他這樣帶我們，薪水不會比較高。但他卻必須連續三年陪我們學習，犧牲自己的假期，我們每天一大早要到校，老師比我們還早到。我們

晚上練樂器練到多晚，老師絕對比我們晚離開。他全心奉獻，只為我們的好成績，他的無私，大家都感受得到。就算必須伸出手來挨打，大家也知道是自己不夠努力，而不會怪怨老師。

我覺得陳老師不只是我的恩人，他也是教導我「愛」的人，原來所謂的愛，不必然要是甜言蜜語，所謂愛的教育，也絕非一味討好學生。

真正愛人，是寧可自己被討厭，也要對方能夠學習成長。

真正愛人，是把對方的成就看得比自己更重要。

此外還有其他的恩師，也帶給我不同的影響力，感恩在我學生時期，得遇這些恩師。也許我不是走正規教育之路的乖女孩，但他們對我的人格養成，永銘在心。

夢想板第十三課

夢想來自於願意打拼、願意自動自發成長茁壯。

但也來自於心存感恩，心中有愛。

讓自己當個願意付出的人

　　有朋友問Cora，為何妳每天看起來都無憂無慮的樣子？

　　憂慮？為什麼要憂慮？碰到任何的狀況，金錢問題、感情問題、甚至是健康問題，憂慮也無法解決事情啊！

　　但我知道朋友們的意思，他們是說，為何你可以這樣總是處變不驚？總是看甚麼事情都好像沒甚麼大不了，包括那回碰上財商界某導師的捲款事件，我本身也損失大約一百萬。當天看到新聞，我正準備搭飛機，我也只是登機前稍稍算一下連同已拿回的利息我還賠多少錢？算出個數字，嗯！知道了，之後就繼續我的行程，在機上我依然睡得香甜，後來甚至到國外都忘記這件事了。

　　其實，當一個人總是願意付出，漸漸地，就不會對世事太計較。賠錢？至少我還是可以過著我想要過的生活，

沒受影響。反倒我覺得那些拿走別人錢財的當事人，心頭比較不好受吧？

人生就是願意付出，無怨無悔就對了。

有了這次經驗，在之後的生活裡，我更謹慎投資，也寧可把錢投注在有意義的公益活動上。畢竟是風險未經審慎評估而遭致的虧損，不如把這些錢捐到更需要的地方。定期做公益的付出，往往讓我在無形中有更大的收穫。

我有個習慣，會每天問自己一個問題：如果今天就是生命的最後一天，那妳覺得到此刻為止，人生有甚麼遺憾嗎？

仔細想想，還真沒有耶！有沒有什麼誤會沒說清楚？有沒有漏了跟誰說感恩？該做的事我都即知即行，真的沒有遺憾呢！

選擇願意付出的人生，你也將毫無遺憾。

❋擁有快樂指南針

我不是個學歷很高的人，也沒有像一些貴族女孩般，經過淑女教育或者社交禮儀的培訓。但卻已經長年習慣性

的懂得與人為善，對人好，這對我來說，完全不是甚麼書上教導的「社交技巧」，而是我真心想待人好。

有朋友問我：Cora，為什麼妳可以那麼單純啊？（是的，我身邊的朋友都是說我好像有個隱形金鐘罩，什麼不好的事在我身上都能迎刃而解，而且貴人很多）

單純？我知道朋友的意思，是說我總是笑口常開、在甚麼場合都帶著天真無邪的氣息，散播歡樂散播愛。可是，我明明很早就入社會了，是「業務」出身。（她們意思就是做業務的人會比較靈巧，社交手法較靈活。）

但真正的我是：**做人處事很簡單，誠心誠意就對了。為何要去搞得很複雜？**很多從事業務工作的朋友或許覺得必須靠甚麼話術或心理學技巧才能成交，但我從來不靠那些，我從十六歲開始，做業務做銷售，就是**秉持著熱誠，把喜歡的事物與人分享。**就是這樣，真的一直就是這樣。

各種生活中與人相處的智慧，都是從點點滴滴的生活工作中學習而來，自己也還算是年輕女孩，也不夠格跟朋友談論甚麼大道理。但這裡我可以分享兩個我的生活經歷，或許可以說明我的做人處事態度是如何形塑出來的？

● 國中時候，我念的是管樂班，分配的樂器是雙簧

管。可能因為有抓到竅門吧？才國一新生，原本在樂隊裡應該只是擔任第二部的樂手，我卻可以站在第一部擔任雙簧管首席。這對我來說是種壓力，不是演奏的壓力，而是我擔心學姊們會覺得自己的席位「被搶走」而不高興。

其實學姊們氣量沒那麼小啦！但我總是不希望有任何不愉快。當時的我就懂得經常去找學姊，對她們很好，有機會也會施點小惠送點小東西。重點是讓她們感受到我在乎她們，而她們也願意把我當朋友。善巧體貼別人心意的小習慣。

● 十九歲開始我就加入組織行銷售團隊，也很快地成為 Leader 帶領諸多比我年長的夥伴。較早時候，我經常邊帶新人邊有很重挫折感，明明看到新人家境不太好，很需要趕快讓經濟起飛改善生活，我很用心教導，也覺得對方會很有動力要提升自己。可是一個月兩個月三個月過去，看到新人業績還是沒起色，甚至選擇放棄黯然退出。我就會很沮喪，覺得這一切都是我的錯，我沒能「挽救」那個人。

然而後來漸漸地我自我反省，深思我並沒有做錯甚麼？我可以教的絕對傾囊相授，如果對方最終還是做不到，我不需要自責。從那次以後，也學會不要讓自己受到

團隊負能量的影響。只要秉持誠意做事，個人做事個人擔，我學會不要讓自己揹負不屬於我的壓力。每個人各有因緣，傾全力教導，是否可以成功端看個人的努力。

比爾蓋茲曾說：「讓自己脫離貧困是責任，帶人脫離貧困卻是一種大愛。」

想要成功的人，下定決心學習後，還需有很強的執行力，才能脫貧脫困。

以上兩件事都跟做人做事態度有關。簡要來說：

第一，我習慣與人為善，來自我從小就願意站在別人角度上想事情，也許年紀較輕的我，那時多少帶著「討好」的心態，但隨著年紀漸長，已轉型為純粹的就是關心別人，希望身邊的朋友都好。

第二、學會在關心別人的同時，也照顧自己內在能量。具體來說，就是不要讓自己因負能量影響而有負面情緒。我知道很多從事社會服務或公益慈善相關工作的人，最後常常因為太過悲傷或者承受不起過多的情緒收納，而逃離甚至崩潰。學會以同理心感同身受，全力盡己所能地付出，但也保持自己內在的平和與理解，時時關愛自己，這樣的我們才有能力幫助更多的人。

以上再簡化為這幾個字，就是：照護好自己的心，也

擁有一顆尊重並同理他人的心。

　　這樣的我，於是可以天天帶著正能量，與人和睦相處，願意時時幫助別人，但如果我盡了力，可能還是能力有限無法完全幫到他人，也不需要自責。

　　這樣的我單純嗎？其實我只是做自己而已。

　　做自己很快樂，這樣就夠了。

　　我常常與人分享「快樂指南針」哲學。

　　指南針，就是在荒郊野外迷路，當沒有科技設備指引方向時，一個最簡單的保命工具，靠指南針找到方位，引領自己往正確方向前進。

　　在生活中的不同場合，人難免也會「迷路」。思考著我該不該做某件事？該不該換跑道？該不該去做這個投資？跟這個人繼續交往是對的嗎？……等等。

　　智商再怎麼高，或者社會經驗再怎麼豐富的人，也難免走到一些難以抉擇的十字路口。這時候，快樂指南針就派上用場了。

　　簡單說，判斷該不該做某個抉擇的一個不變的基準——就跟指南針磁極永遠指向南北般的基準——就是你快不快樂？

一件事讓你不快樂，就不要做。

有一回，有個機緣接洽到一個中國大陸的商機，依照市場情勢判斷，有機會可以賺一大筆錢。然而之後跟廠商的老闆及主管談話過程，有些不開心，這讓我內心糾結，心中掙扎著：去？不去？去？還是不去？

其實我平常很少這麼糾結，那回卻真的為了要不要參與這個中國市場商機非常傷神。想到後來仍沒答案，就去拜訪一個長我十五歲的大姊姊，想請教她的意見。

結果大姊姊一句話就打醒了我：Cora，請問妳為何要做不開心的事？

對喔！糾結老半天。其實既然我就感到不快樂了，何必想那麼多？當晚我就做出決定，不去參與那個中國大陸商機。

所以朋友們問我：Cora，妳為何那麼單純？為何那麼無憂無慮？為何那麼出汙泥而不染？為何總是保有赤子之心？

答案是：就是掌握好自己的快樂指南針。**我的人生價值，追求的是單純的幸福快樂，而不是更多的金錢或名利**

權位，想清楚了，快樂最重要。

如此，不論是談生意、談人際，一理通樣樣通。

我的內心有個願望；要當個快樂的人，不做不開心的事。不讓負能量與自己糾纏，不讓內心負面的事在心中駐留。因此常常告訴自己，不要貪心，不做自己無法掌控的事。

當我們可以在不影響他人的情況下，滿足而開心，就能簡單的獲得快樂。

別人做不好有自己的功課，但我樂於給別人支持，成為別人的貴人。這樣使我感到安住的快樂。當下能把已擁有的好好珍惜就是最幸福的時刻了。這就是我的快樂指南。

❋ 付出，其實擁有更多

Cora 投入公益的理由很簡單：我覺得這件事讓我很快樂。

在公益的歷程上，第一次比較常態性的投身公益是在19 歲，那年我開始接觸到世界展望會，透過相關的海報，上面有如何援助非洲小朋友的資訊。我當時看了很受感

動，就決定每月認養一個小朋友，每月每人一千元。

　　第一次的認養，不久後有收到一張照片，那是一個非洲小女孩，看起來就是瘦瘦黑黑的。她還親筆寫信給我，那封信我還收藏著，原來只需花一千元，就可以感受到自己有為這世界帶來一些貢獻。

　　那種感動很難形容，特別當時我才十幾歲，想像著這世界上有那麼一個人，因為你的幫助，他可以有飯吃，有書念。當年的我已經可以生活，自給自足，不需要跟家人拿錢也能過得很好，但除了照顧好自己，也要能幫助到其他弱勢，那一回是我人生第一次可以手心向下。

　　也在收到女孩來信那一刻，我感受到一種別的方式都無法取代的快樂。那就是所謂付出的快樂、分享的快樂。

　　所以後來有機會若遇見身邊朋友有憂鬱症狀的，我會鼓勵他們試著當個付出的人，這樣心態就會改觀。當然若真的內心有很大的苦痛，還是要找專業的資源求助。但若是一般生活中的落寞孤獨茫然等，真的建議可以透過投入公益，改變自己的人生態度。

　　經常做公益幫助別人，你一定會發現一件事：**原以為自己是在無償付出，實際上妳會發現妳獲得更多。**

　　快樂是無價的，那種因為投身公益所獲致的快樂，會

讓人願意不斷持續投入。

　　我原本期許在世界展望基金會，認養十個孩子。在這裡認養三個後，因為後來接觸了關愛之家，在那又認養三個。

　　之後沒認養到十個，是因為我的公益之路遇到一個新的機會：我決定參與蓋一所學校，這樣可以幫助的孩子更多。

　　在一起學習且熱心公益，我的好朋友也是我的貴人愛心大使：福英姐。我和福英姐的結緣是在學習課程裡，後來又一起去關懷關愛之家。福英姐在做公益過程中，感受到她的無私和全生命的付出，讓我感受到這件事的意義與神聖的價值。後來她自己也來創立一個慈善協會，並且邀我共襄盛舉，於是我也成為該協會的理事之一。那段日子裡，我們去很多地方做服務，例如去新竹尖石鄉賑濟米糧，還有去台東偏鄉做志工，那裏有一位陳爸辦了一個台東書屋，協會常態舉辦公益講座以及企業家讀書會，引領這些老闆們出錢出力，為公益盡一分心。

　　就在參加福英姐這個協會的過程中，有個機緣接觸到剛從尼泊爾來台的美國人，他名叫 Stephen，提及到有一對夫妻在尼泊爾辦學校，專門救濟貧困的孩童。在尼泊爾

許多地方，因為生活實在太困苦了，莫說念書，孩子連生計都有困難，乃至於很多家庭日子真的過不下去了，必須賣掉女兒，她們下場往往淪落為妓女，情況更糟則是賣掉兒子。那對夫妻知道，想要擺脫貧窮，知識是個必要的力量，唯有靠讀書才有機會翻身。因此他們挨家挨戶的去拜託那些貧窮家庭，將自己孩子送來學校讀書，經費則由善款支助。

善款來自海外各地，像 Stephen 就長年從海外帶物資過去，例如可能在台灣被淘汰的生活用品，在尼泊爾那邊仍可以非常實用。也因為受到 Stephen 感動，我跟福英姐偕同協會的幾個幹部，實地飛去尼泊爾了解當地狀況。

那時碰到的狀況，尼泊爾學校原本的房東，惡性漲租，想逼迫學校搬遷。學校不得不搬，但缺乏經費怎麼辦？就透過募資。當年我們協會這邊，感謝當時幫忙很多的黃老師，除了自己長期資助外，當時也透過學員群策群力，募到三百萬。

我飛去尼泊爾實際看校地時，那裡真的非常簡陋，教室就只是一個個面積不大的鐵棚，沒有電燈，必須仰賴大自然的光源做照明，地板則是一般泥土地，一遇雨就泥濘不堪。由於上課空間不足，可能必須較小的孩子坐在較大孩子的腿上，這樣子共同上課。

即便環境很糟，孩子們都依然認真學習，而這所看來很克難的學校，竟也締造尼泊爾的升學奇蹟，其升學率超高，乃至於後來竟然連有錢人家長都願意把孩子送來這裡念書。

我們去尼泊爾時，從台灣帶了衣服、乾糧、文具的物資過去，由於希望可以有限空間帶去最多的物資，所以帶去的不會是甚麼名牌品項，以鉛筆來說，就只是很平凡的上頭附有小小橡皮擦的 HB 鉛筆。

但當我們把鉛筆發給每個小朋友時候，他們各個眼睛發亮，像拿到一個稀世珍寶般，有的孩子盯著手上的鉛筆，緊抓著捨不得放。

後來我們發放衣服及口糧，由於數量有限，校長只能找出校內經濟最差的大約七八十個孩子來領，每人可以領到一件衣服、一包泡麵以及一份口糧。許多孩子拿到衣服緊緊抱著啼哭，他們不知道怎樣形容竟然擁有這樣的禮物。一旁大人邊看也邊流下眼淚。

那回尼泊爾之行，帶給我很多啟迪。如今回憶起來，當時的許多畫面都一一浮現腦海，當台灣許多孩子們生在福報滿滿的環境中卻不知珍惜擁有這麼多幸福的現況，

尼泊爾那群窮苦孩子卻是緊抱著可以學習的機會，回憶裡有一幕就是在牆壁上，孩子用泥土字跡寫著「I love my school」。他們念書，真的超認真的。

感恩這群孩子，教會我如何更珍惜人生。

回台後，我受邀到台灣教育廣播電台，發表此行去到尼泊爾的過程及心得，那一次的節目也引起廣大的迴響，許多企業家知道這件事後，也紛紛慷慨解囊，協助尼泊爾學校遷地蓋校成功。

做公益，讓我們的心愈來愈柔軟。★

【尼泊爾建校】圖片連結

❋撕掉標籤，放寬視界幫助更多人

談起公益，這裡要來談到另一個較少被提及的弱勢族群：遊民。

我想，許多人都跟 Cora 一樣，過往時候對於遊民有個負面印象：怎麼一群人好手好腳的，不去找正當工作，

要當遊民？

　　藉著學習才能拓展眼界，我也是因為長年參與公益協會活動，有機會認識這領域的其他朋友，在一次機緣中認識「遊民關懷協會」，透過溝通深聊才知道過往以來我們對遊民有很多錯誤的認知。

　　遊民，是比較負面的稱呼，或許稱之為無家者比較貼切。

　　所謂無家者，每個人背後都有個故事，他們是介乎貧病安養以及正常人中的一個過渡族群，真的身障生病或有嚴重狀況的人，會被送去醫院或療養院，而留在像是龍山寺這類地方無家者，有的白天會被安排去打零工，晚上才回棲地休息；有的其實自家有產業，甚至也並非窮人，只因家庭因素，例如被不孝子女排擠棄養等，才流落街頭公園。

　　無家者，被貼上很多標籤。但他們工作並不會比一般人偷懶，他們也不是很多人誤以為智慧低下渾身骯髒的人，很多無家者過往曾是老闆，無家者中也有博士學歷的。總之，他們後來成為這樣一群人，有家歸不得或有家不想回，都有各自的辛酸故事。

　　透過溝通及深入了解，才對所謂的遊民改觀。那是有

一次參加一個心靈成長課程，其中有個橋段老師規定大家都要去找遊民聊天，並且要找到至少三個人聊兩個小時。那回我真的去龍山寺找無家者聊天，聽到他們的故事。也了解他們的生活需求。

其實很多無家者有機會也想回歸社會，但背後其實有很多無奈。對於他們的需求，許多人以為他們是要飯的，但其實他們比較不缺食物，因為有很多機構都有發放免費餐食，比較起來他們更需要的是有地方好好洗個熱水澡，這對他們來說像是奢求。因為就算打零工賺到錢了，一身酸臭的他們要進旅館也會被擋在門外。而一般公共廁所只能夜間去洗冷水澡。

自從認識無家者後，我有機會也去參與相關的公益活動，例如送餐食等等。有一年，剛好是我生日那天，Cora有個習慣，就是每當生日這天，我將之視為母難日，因此除了跟好友一起慶生，生日時我一定會招待母親去吃大餐，感恩她讓我誕生到這世界。

那天，我跟媽媽吃完大餐後，邀請媽媽陪我去送餐盒，媽媽一時無法接受我為什麼去幫助遊民？後來經過我解釋後，她也就理解了。

這個單位叫做「方舟協會」，他們在募資要幫無家者蓋公共浴室。每個人發自己能力所及的一份心，都足以形

成一股力量來影響身邊的人。一起快樂的行善。

　　這些年來，我一邊做公益，一邊也認識這社會中許多不同的族群，也看到不同族群背後都還是有另一群人默默付出。

　　常常接觸這些默默付出的人，自己也感受到許多的正能量。

　　真的，公益會越做越上癮，雖然有時候知道自己能力有限，但能力多少就做多少，你知道因為你多做了一點，就影響別人多一點。

　　我後來還學習到，與其自己大力出錢出力，更好的推廣公益方式，是鼓勵大家共同來參與。好比疫情期間，我號召朋友，連續五天共捐五百份餐盒給辛苦的醫護人員。老實說，就算五百份餐盒經費我都自己出，我也還負擔得起，但我選擇讓親朋好友們，各自出錢，以宗教的說法，就是讓他們有機會也可以累積功德。

　　正所謂：廣邀天下善士，共耕一方福田。

　　透過自己的力量，影響到更多人一起行善，那愛心的種子散播到更廣。這是我最建議的公益方式。

　　而公益行善，從以前到現在，也都是我夢想板中的重

要一塊。不論是年度夢想板，或者一生的夢想板，都有屬於公益助人的項目。

2022 年我因為有個機緣被教授鼓勵及推薦去申請台北第一科大 EMBA，後來雖因為被副校長認為太年輕了，以企業家歷練來說，資歷仍不夠，而沒被校方錄取。但那個過程，我因校方要求有統整我所做的公益內容，我才注意到其中光有感謝狀的部分，就超過一百萬，而沒有收據的金額，說實在我自己也記不清楚有多少了。★

這裡不是要誇耀自己行善事有多偉大，而是要告訴各位讀者：付出的人有福了，你會得到遠超過一般食衣住行各種享樂所能得到的快樂，甚至對熱愛旅行的我來說，行善付出的快樂，更超越旅行的快樂。公益就是你以為你付出的很多，實際上你得到的更多。

當你建置屬於自己的夢想板時候，別忘了，要留一個版面給行善喔！相信你的夢想成真，你的夢想也更具意義。

【捐款感謝狀】圖片連結

夢想板第十四課

　　永遠讓自己當個願意付出的人，你將得到一種恆大的快樂。也別忘了不要當個高高在上的施捨者，而是樂於學習的付出者。相信這對夢想的實現也大大有助益。

結 語

此時此刻的你

該怎樣實現你的夢想？

感恩讓夢想能實現

感恩各位朋友一起來分享這本書。

知道嗎？當你們閱讀本書，也等同參與了 Cora 夢想板的實現。

Cora 很感動，在本書問世時也正是我即將邁入而立之年，未來人生還有很長的路要走，但真的希望每位讀者都在見證 Cora 這三十年來的生命歷程後，有任何收穫也歡迎與我分享你的心得。能相遇就是我們的緣分，謝謝你。

本書最後，來集結一些針對夢想板要提醒的重點。

✽打造夢想板前，可先多多擴展自己的歷鍊

看過 Cora 夢想板的人，都說我的夢想板非常多采多姿，上面用心貼了很多繽紛的圖，內容也非常多樣，包含

像是去北極看極光，去非洲看金字塔這類旅行類的夢想；也包含幫媽媽圓夢，或姊妹一起出國旅行，跟家人相關的夢想。其中也有很浪漫的，例如在自己種的樹下唸書，或很科幻（但卻是真的可以實現的）像是參加登月之旅。★

但無論是怎樣的夢想，有個前提就是你要具備相關知識。你總不能完全都不懂車，就說自己想擁有一輛保時捷；或者沒有歐洲相關的地理常識，就說自己嚮往義大利。沒有站在實務知識上的夢想，都只是不切實際的夢想，可能只是聽到別人說開保時捷很酷，就把保時捷當成夢想。但別人的夢想，不代表自己也喜歡那樣的夢想。

因此在本書，從頭到尾，提了 N 遍的學習。就算從前你自以為懂得知識，可能現在時代改變，也有了不同的意義。好比《有錢人想的和你不一樣》這本書，Cora 閱讀了好幾遍，二十五歲閱讀時，就跟十七歲時閱讀心境完全不同。

其他各種知識，好比《秘密》一書強調的吸引力法則，也就是「心想事成」概念，以前覺得很抽象，甚麼「跟宇宙下訂單」聽來太玄太神奇。但知道嗎？如今的科學進步到量子力學，已經可以賦予「心想事成」背後的科

學意義。

學無止盡，這世界總是充滿驚喜，因此，如今的我，也願意抱著開放的心，去接觸各種的不同觀點。

當你心的視界越開放，越能體悟到人生新的可能。你的夢想板也會變得更豐富。

❉學習，讓自己轉換心境

對我來說，學習最重要的是改變我們看事情的觀點態度。

以我自身為例，從前青少女時代，我可能對爸媽離異這件事比較不能諒解，但經過學習後的我，用不同的心態看世界，也跟家人重新和解。

透過學習可以帶來內心平靜，也讓我們更能省思甚麼是我們真正要的幸福。

當然校園學習也很重要，但這裡更想強調的是，主動積極的去探索世界，那樣子的學習。包括上課，包括旅行，也包括自己體驗不同生活，都是學習。

曾有很多好朋友要求我公布一張學習建議清單，但一來擔心這樣有廣告之嫌，二來我也覺得學習這件事沒有共

通標準，適合甲的學習項目，並不見得也適合乙。

　　無論如何，都建議大家，一些基礎的觀念最好越年輕建立越好。在本書 Cora 沒有特別強調理財，因為我們追求的是幸福人生，而非財富人生。但依然有些理財重要的書籍，這類書還是希望年輕就能接觸到，對將來生涯有莫大的幫助。當年若沒有接觸到正確的財商觀念，可能後來人生就不一定能走得那麼順暢。

❋ 認識種子法則

　　雖然針對每個人的學習建議可能不一樣，但這裡非常推薦的一個種子法則學習，則肯定人人適用。

　　關於種子法則，坊間有相關課程。這裡僅來介紹自身的經驗談。

　　種子法則顧名思義，就是你播下一個種子，後來長成一棵樹。結合因緣和因果關係，當我們發生一件好事或壞事，我們認真去追溯，可能會發現這件好事或壞事發生不是突如其來的，其原因的種子還是由自己所種下。

　　例如我在孩童時候不懂事，也曾當跟店家買東西，對方找錯錢了，我把錢收到口袋，沾沾自喜。這個貪小便宜的種子，後來就長成一顆讓你遇到詐騙的大樹。

在學習了種子法則訓練後，養成習慣，每次發生各種事件都會先思考反省自己。這讓我可以學會調整心態，以前可能就算脾氣再怎麼好，碰到突發事件還是會滿嘴抱怨，但現在的我，真的很願意，用全新的同理心待人。

好比當有人騙你錢，大家遇到這種事都會恨得牙癢癢的，但當我改變思維，我覺得這個人很可憐，他只是個黑面郵差，還要被我討厭，也就是說我從前做了某些事壞種子開花了，而上天派這個人來送出一記重重的教訓。

這是我轉念後的想法。

當然，騙人就是不對。只不過各人造業各人擔，那個騙子有自己的業要擔，你不需要用自己的仇恨或憤怒來攪亂一團因果渾水。

也因為如此，我的朋友都好奇：Cora，妳做人很好，看起來都沒有仇人。

仇人？認真想想，我還真的沒仇人，如果連詐騙過我錢的騙子我都覺得他很可憐，那生活中還有甚麼仇人？

也因為種子法則，我平日都願意多行善，因為每個善念都是一個正能量種子，將來會長成有福報的大樹。

有一句話說「若我們已經走上了利他之路，就沒有任

何事情不是我們的事，也就是把所有人的幸福與成功，都當成自己的事。」

※ 總是心存感恩

最後，關於夢想板，本書最後我還是要來談感恩。

是的，感恩的力量很大，感恩會讓妳左右逢緣，吸引很多貴人幫助妳，這樣妳的夢想就更容易實現。

不是為了求報答才感恩的，是真心誠意想要感謝很多人。

每年的年底，我都有個習慣，我會花時間整個檢視及整理我的年度紀錄，看看每個月發生了甚麼事，今年有甚麼重大的事件？而這些歷程牽涉到哪些人？

我會一一整合，然後就會列出一串人名清單。

這就是我過年送禮的依據。

我會親自開車，帶著禮物去拜訪那些幫助過我的人。這方式很傳統，但我還是喜歡親自將禮物交給對方的感覺。

許多時候對方看到我送他禮物，感到很訝異，覺得

自己並沒有幫助 Cora 甚麼。但我是一個很惜福記恩的人，有恩必報，有人可能無意傷害到我，我也會善解並設法轉念。

可能我送的只是千元上下的小禮，但真的禮輕情意重。我要告訴對方的是，Cora 從來沒有忘記每個人善意的對待。請接受我的小禮，新的一年，也讓我們共創更好的善緣。

感恩各位讀者的閱讀，期待大家都擁有自己的夢想板，並且認真去實現。
未來有機會，也希望可以聽聽妳們夢想實現的故事。

感恩，夢想板有我有你。
感恩，讓一切幸福都實現。

期待每一個看到這本書的您也和我一樣，帶著快樂的指南針，和我一起踏上輕易豐盛的幸福夢想板實現之路。

打造幸福人生藍圖，14堂必修課
夢想板小天后 Cora

作　者／楊雯心
出版統籌／時兆創新（股）公司
出版企畫／時傳媒文化事業體
出版策畫／林玟妗
出版經紀／詹鈞宇
美術編輯／達觀製書坊
責任編輯／twohorses
企畫選書人／賈俊國

總 編 輯／賈俊國
副總編輯／蘇士尹
行銷企畫／張莉滎　蕭羽猜　黃欣

發 行 人／何飛鵬
法律顧問／元禾法律事務所王子文律師
出　　　版／布克文化出版事業部
　　　　　　台北市中山區民生東路二段 141 號 8 樓
　　　　　　電話：(02)2500-7008　傳真：(02)2502-7676
　　　　　　Email：sbooker.service@cite.com.tw
發　　　行／英屬蓋曼群島商家庭傳媒股份有限公司城邦分公司
　　　　　　台北市中山區民生東路二段 141 號 2 樓
　　　　　　書蟲客服服務專線：(02)2500-7718；2500-7719
　　　　　　24 小時傳真專線：(02)2500-1990；2500-1991
　　　　　　劃撥帳號：19863813；戶名：書蟲股份有限公司
　　　　　　讀者服務信箱：service@readingclub.com.tw
香港發行所／城邦（香港）出版集團有限公司
　　　　　　香港灣仔駱克道 193 號東超商業中心 1 樓
　　　　　　電話：+852-2508-6231　　傳真：+852-2578-9337
　　　　　　Email：hkcite@biznetvigator.com
馬新發行所／城邦（馬新）出版集團 Cité (M) Sdn. Bhd.
　　　　　　41, Jalan Radin Anum, Bandar Baru Sri Petaling,
　　　　　　57000 Kuala Lumpur, Malaysia
　　　　　　電話：+603- 9057-8822　　傳真：+603- 9057-6622
　　　　　　Email：cite@cite.com.my
印　　　刷／韋懋實業有限公司
初　　　版／2023 年 6 月
定　　　價／380 元
ＩＳＢＮ／978-626-7256-95-4
ＥＩＳＢＮ／9786267256978 (EPUB)

城邦讀書花園　布克文化
www.cite.com.tw　WWW.SBOOKER.COM.TW